El camino de

STEVE JOBS

El camino de

STEVE JOBS

Liderazgo
para las nuevas generaciones

Jay Elliot
Ex vicepresidente de Apple Computer,
con la colaboración de William L. Simon

AGUILAR

El camino de Steve Jobs. Liderazgo para las nuevas generaciones
© 2011, Jay Elliot, con la colaboración de William L. Simon
Título original: *The Steve Jobs Way. iLeadership for a New Generation.*
Publicado originalmente por Vanguard Press, de Perseus Books Group.

De esta edición:
D. R. © Santillana Ediciones Generales, S.A. de C.V., 2011.
Av. Río Mixcoac 274, Col. Acacias
México, 03240, D.F.
Teléfono (52 55) 54 20 75 30

Primera edición: mayo de 2011
Segunda reimpresión: octubre de 2011

ISBN: 978-607-11-0987-3

Adaptación de cubierta: Centro de Diseño de Santillana Ediciones Generales
Diseño de cubierta original: Leigh Taylor
Fotografía de cubierta: Ryan Anson / AFP / Getty Images
Fotografía de Jay Elliot: Rhee Bevere Inc.
Fotografía de William L. Simon: Linda Lawrence Photography

Impreso en México

Para mi esposa Liliana,
y mis hijos Jay-Alexander
y Federico, por su amoroso apoyo

Para Arynne, Victoria y Charlotte;
para Sheldon, Vicente y Elena

Índice

Nota del autor 11
Prólogo. 13

I   El Zar del producto

1   La pasión por el producto. 19
2   El éxito está en los detalles 33

II   El talento manda

3   Haciendo equipo: "¡Piratas! No la Marina" 51
4   Aprovechar el talento 69
5   La recompensa para los Piratas 87

III   Deportes en equipo

6   La organización orientada al producto 101
7   Manteniendo el *momentum* 123
8   Recuperación 145
9   El desarrollo holístico del producto. 159
10   Innovación evangelizadora 177

IV Volviéndose *cool*: una forma distinta de ver las ventas

11 El abridor de puertas: *branding* 197
12 Montado en la fuerza destructora de las ventas
al por menor 205
13 Conquistando la definición de *cool*:
"Hay una *app* para eso" 217

V Ser Steviano

14 Siguiendo sus pasos 235

Una carta a Steve 244
Agradecimientos 249
Notas 253

Nota del autor

A veces, las cosas suceden...

... y resultan tan bien que no las hubiéramos podido mejorar, aun planeado nuestras vidas por adelantado.

Por supuesto que lo que llamamos productos "glamorosos" –las películas, la televisión, el negocio de la música, la moda– a menudo lo son solamente por fuera: trabajar en cualquiera de esos campos genera mucha tensión, con retos y frustraciones constantes. Casi nadie piensa en la tecnología como un campo glamoroso; sin embargo, para mí, al menos, el trabajo nunca ha sido más satisfactorio o increíblemente emocionante como cuando trabajé con Steve Jobs.

He conocido y trabajado con líderes de IBM y de Intel; frecuenté a grandes pensadores, incluyendo a Jack Welch, Buckminster Fuller y Joseph Campbell, y he discutido los próximos cambios de paradigma en estructuras organizacionales con John Drucker. Steve es único en su clase.

Las revistas de negocios más importantes están comúnmente en desacuerdo, aunque hay consenso en que Steve Jobs es el líder de la compañía más sobresaliente en la historia de los negocios. Steve hace cosas aparentemente imposibles todos los días. ¿Qué es lo que ha hecho a Steve tan diferente en la manera como dirige una organización que ofrece conveniencia, ahorro de tiempo y placer a tanta gente alrededor del mundo?

No es solamente cómo cambias tu paradigma, sino cómo haces que tu organización cambie contigo. Los principios del *Liderazgo* que se presentan aquí ofrecen los elementos esenciales implicados en el producto o el servicio que ofreces, la gente y los equipos, la organización en sí y el mecanismo de innovación, para que conectes lo que haces y lo que produces para el consumidor que tratas de alcanzar. Steve Jobs probablemente nos ofrece el mejor ejemplo posible de cómo un líder puede aplicar estos cambios y dirigir una organización muy grande como si estuviera en una etapa de arranque.

Algunos de los consejos que doy pueden resultar incómodos o difíciles. Les pediré pensar de una manera a la que no están acostumbrados. Sin embargo, si tienen el suficiente valor de aplicar los principios del *Liderazgo* que encontrarán en estas páginas, podrán mejorar sus negocios y sus vidas.

JAY ELLIOT

Como resulta extraño escribir todo el tiempo "productos y servicios", he utilizado solamente la palabra "producto". Espero que entiendan que el término incluye también a los servicios.

Prólogo

Estaba sentado en el área de espera de un restaurante...

... que resultaba uno de los lugares más inesperados en el mundo para tener un encuentro que cambiaría mi vida.

El encabezado que estaba leyendo en la sección de negocios hablaba sobre el final desastroso del comienzo de la compañía Eagle Computer. Un joven, que también estaba esperando, leía el mismo artículo. Empezamos a platicar y le hablé de mi relación con la historia. Le acababa de decir a mi jefe, el presidente de Intel, Andy Grove, que renunciaba a mi posición para unirme al equipo que arrancaba Eagle Computer. La compañía apenas se había anunciado públicamente. El día de la oferta pública, el CEO se convirtió instantáneamente en multimillonario y para festejar salió a tomar unas copas con sus cofundadores. De ahí, se fue directo a comprar un Ferrari; hizo una prueba de manejo en un auto del concesionario y chocó. Él murió, la compañía se murió y el trabajo por el que había renunciado a Intel se terminaba antes de que yo pudiera reportarme a trabajar.

El joven a quien conté esta historia me empezó a preguntar cosas acerca de mis antecedentes. Éramos muy distintos: él era un veinteañero con aspecto de *hippie* que vestía jeans y tenis. Él vio en mí a un atleta de 1.98 m., de cuarenta años, de tipo corporativo que usa traje y corbata. Lo único que parecíamos tener en común era que en ese momento ambos teníamos barba. Sin embargo, descubrimos rápidamente que ambos compartíamos una pasión por las computadoras. El tipo era un tragafuegos, ardiendo en energía, prendido ante la idea de que yo había trabajado en posiciones clave en el área de tecnología, pero que había dejado IBM cuando descubrí que eran muy lentos para aceptar nuevas ideas.

Se presentó como Steve Jobs, Presidente del Consejo de Apple Computer. Yo apenas había oído hablar de Apple, pero me costaba trabajo imaginarme a este joven como la cabeza de una empresa de computadoras.

Después me sorprendió al decirme que le gustaría que yo me fuera a trabajar para él. "No creo que puedas pagarme lo suficiente", le respondí. En ese momento Steve tenía veinticinco años y un poco después, en el mismo año, cuando Apple se volvió pública, la empresa valdría alrededor de 250 millones de dólares. Él y su compañía podían pagarme lo suficiente.

Un viernes, dos semanas más tarde, comencé a trabajar para Apple, con un salario ligeramente mayor, con más opciones accionarias que las que tenía con Intel, y con un mensaje de Andy Grove en el que me decía que "estaba cometiendo un gran error: Apple no iba hacia ningún lado".

A Steve le gusta sorprender a la gente. Evita compartir la información hasta el último minuto, probablemente con el objetivo de mantenerte un poco fuera de balance y más bajo su control. Mi primer día en el trabajo, al final de una conversación vespertina para conocernos mejor, él me dijo: "Vamos a pasear mañana. Nos vemos aquí a las diez. Te quiero enseñar algo." No tenía idea de qué esperar o si me debía de preparar de alguna forma.

El sábado en la mañana nos subimos al Mercedes de Steve y manejamos. La música estallaba a todo volumen por las bocinas del coche: Police y The Beatles a un volumen demasiado alto. Ni una palabra de a dónde nos dirigíamos.

Se estacionó en PARC, el Centro de Investigación de Xerox en Palo Alto, donde nos acomodamos en un cuarto que tenía un equipo de computación que me volvió loco. Steve había estado ahí el mes anterior con un grupo de ingenieros de Apple, quienes discutían si los elementos que habían visto tendrían algún valor en las computadoras personales. Ahora Steve quería echar un segundo vistazo; estaba en llamas. Su voz cambia cuando ve algo "enfermamente grandioso" y lo pude constatar ese día. Vimos una versión primaria de un aparato que llamamos posteriormente *mouse*, una impresora de computadora y una pantalla que no se limitaba a texto y números, sino que podía mostrar dibujos, imágenes gráficas y un menú de elementos que podías seleccionar con el *mouse*. Steve se refirió posteriormente a esta visita como apocalíptica. Estaba seguro de que veía el futuro de la computación.

PARC estaba creando una máquina para las empresas, una computadora que compitiera con IBM, con un precio estimado de 10 000 ó 20 000 dólares. Steve veía algo distinto: una computadora para todos.

Él no solamente había previsto la tecnología de la computadora. Al igual que un niño en la Italia medieval que entraba a un monasterio y descubría a Jesús, Steve había descubierto la religión de lo "amigable para el usuario". O, tal vez, había sentido el deseo y había descubierto cómo satisfacerlo. Steve, el consumidor por excelencia, Steve el visionario del producto perfecto, se había topado con el deslumbrante sendero para un futuro brillante.

Por supuesto que no iba a ser un camino fácil. Él cometería muchos errores dolorosos, caros y casi desastrosos –muchos de los cuales se debieron a su idea de que era infalible, ese tipo de necedad que daba lugar al cliché de "a mi modo, o a la calle".

Sin embargo, para mí, su nuevo compinche, era fabuloso ver lo abierto que era a las posibilidades, qué tan entusiasta era al reconocer nuevas ideas, descubrir su valor y asumirlas. Y su entusiasmo es contagioso. Él entiende la forma de pensar de la gente que él quiere que desarrolle productos, porque es uno de ellos. Y dado que piensa como sus futuros clientes, sabe cuando ha visto el futuro.

Llegué a ver a Steve increíblemente brillante, desbordante de entusiasmo, guiado por una visión del futuro, aunque increíblemente joven y salvajemente impulsivo. ¿Cómo me veía a mí? Como algo que creo que había estado buscando y no había encontrado. En mí veía finalmente a un tipo maduro que poseía unas bases sólidas en el negocio. Aunque mi nuevo título era vicepresidente senior de Apple Computer, Inc., el trabajo incluía la tarea extraoficial de ser el compañero de Steve, su mentor y voz madura (tenía cuarenta y cuatro años). Muy pronto le diría a la gente: "No confíen en nadie mayor a los cuarenta años, excepto en Jay."

Aunque Steve no era un experto en tecnología, se moría por tener un producto suyo. Había estado acumulando ventas y haciendo negocios cuando Stephen G. Wozniak, Woz, estaba creando las primeras computadoras de la compañía, y él anhelaba crear una máquina que tuviera su propio sello. Cuando intentó aplicar su visión del futuro, los ingenieros que diseñaban la computadora Lisa de Apple, para deshacerse de él, le decían cosas como: "Si piensas que esas ideas son tan buenas, ve y construye tu propia computadora."

No. Steve no tenía una bola de cristal que le dijera que él crearía soberbios productos de moda, uno tras otro. Y nunca fue lo suficientemente reflexivo como para hacer un alto y ponderar cómo había ocurrido esto. Se podría decir que había ganado la credibilidad sin darse cuenta.

En ese momento, para mí, era increíble ver lo abierto y entusiasta que era ante nuevas ideas. Las reveladoras experiencias de Steve en PARC iban a convertirse en uno de los más famosos y más reseñados eventos en la historia de la tecnología. A partir de aquellas visitas, Steve Jobs se dispondría a cambiar el mundo. Y eso fue, por supuesto, lo que hizo.

I

EL ZAR
DEL PRODUCTO

La pasión
por el producto

Hay gente que escoge su camino en la vida. Hay gente que tiene que cargar con él. Y, por último, hay quien descubre su vocación casi accidentalmente, sin que nunca la hayan buscado.

Steven Paul Jobs nunca pretendió ser un Zar del producto. Si lo hubiera llamado así en aquellos primeros días, no estoy seguro de que él hubiera entendido a lo que me estaba refiriendo. Tal vez hasta se hubiera reído de mí.

Está bien, no voy a jactarme de que me di cuenta en ese momento. Nadie lo hizo. Definitivamente ni Paul ni Clara Jobs, la fiel pareja que estuvo con él a lo largo de sus tempranos años escolares, cuando era tan rebelde y difícil de manejar que, tal y como él mismo lo decía, podría haber caído en la cárcel. Por lo que verlo convertirse en el creador de productos y CEO más prominente del mundo fue de lo más inesperado e impresionante. Aun así, el hombre que yo vi cuando llegué la primera vez al trabajo era claramente decidido y motivado. Y como todos los grandes líderes que he conocido y con los que he trabajado, él tenía su propio objetivo personal, casi irracional —aunque es uno que ha hecho del mundo un mejor lugar. Su obsesión es una *pasión por el producto... una pasión por la perfección del producto.*

¿Qué forma toma esa obsesión? Es fácil. Steve es el consumidor más grande del mundo. Lo vi desde el día en que me uní a Apple. Daba el aliento de vida a la Macintosh como "la computadora para el resto de nosotros". Configuraba la tienda de iTunes y el iPod a partir de su amor a la música y del deseo de llevarla a donde quiera que él fuera. Amaba la conveniencia del celular, pero odiaba los teléfonos pesados, torpes, feos y difíciles de usar que había en el mercado. Esa insatisfacción lo llevó a él y a nosotros hacia el iPhone.

Steve Jobs sobrevive, tiene éxito y cambia a la sociedad al seguir sus propias pasiones.

Pude oler por primera vez sus pasiones en aquella visita al PARC. El resto de ese fin de semana, seguí recreando la experiencia. Cada detalle de esas dos horas se mantuvo rondando mi mente y reconocí que había visto algo extraordinario. Steve había estado lleno de emoción, más allá de los límites, con entusiasmo desatado. Fue esta pasión, en su forma más primaria, la pasión por una idea. Para Steve, ya se estaba perfilando como la pasión por un producto específico.

De todas las cosas que me dijo mientras estuvimos allí y en el camino de vuelta a casa, dos fueron obvias. La primera: Steve era un hombre que desde entonces tenía la visión acerca del poder que tiene la computadora de cambiar las vidas de la gente; la segunda: él sabía que había visto cara a cara los conceptos que harían esto posible. Lo había entusiasmado particularmente la noción de un ícono en la pantalla —el cursor— que era controlado por el movimiento de tu mano. Steve vio eso en un nanosegundo, y capturó así la visión de futuro de la computación.

No era solamente la tecnología en PARC lo que impresionó tanto a Steve; era también la gente. Y la admiración fluyó en ambos sentidos. Larry Tessler, científico de PARC, diría años más tarde, tanto a periodistas como al escritor Jeffrey Young, su versión de la visita de Steve con el equipo de Apple. "Lo que me impresionó fue que sus preguntas eran mejores que todas las que yo había tenido en los últimos siete años que estuve en Xerox;

mejores que las de cualquiera –fueran empleados, visitantes, profesores universitarios, estudiantes. Sus preguntas reflejaban que entendía todas las implicaciones y también las sutilezas. Ninguno de los que vieron la demostración se había detenido tanto en las sutilezas. ¿Por qué había patrones en los títulos de las ventanas? ¿Por que los menús desplegables se veían de esa forma?" Tessler había quedado tan impresionado que poco tiempo después dejaría PARC para unirse a Apple, con el título de vicepresidente, convirtiéndose al mismo tiempo en el primer científico en jefe de Apple.

Durante mis diez años en IBM me topé con muchos brillantes científicos, con doctores que hacían un trabajo excepcional pero que estaban frustrados porque muy pocas de sus contribuciones habían sido adoptadas e integradas a los productos. En PARC había olido el rancio aroma de la frustración en el aire, por lo que no me sorprendió saber que tenían una rotación de personal del 25 por ciento, una de las más altas de la industria.

En la época que me uní a Apple, la energía de la empresa se generaba alrededor de un grupo de desarrollo que trabajaba en un producto que sobrepasaría los límites: una computadora que se llamaría Lisa. Se suponía que funcionaría como un total rompimiento de la tecnología Apple II y que lanzaría a la compañía en una dirección completamente nueva, utilizando algunas de las mismas innovaciones que los ingenieros de Apple habían visto en PARC. Steve me dijo que Lisa sería tan avanzada que "hará una muesca en el universo". No podías sino asombrarte de una conversación como ésta; la cual ha sido, desde entonces, una inspiración, un recordatorio de que no tendrás gente trabajando para ti, encendida por el entusiasmo, a menos que tú también ardas en él... y que hagas que todo mundo lo sepa.

Lisa había estado en desarrollo en los últimos dos años, pero eso no importaba. La tecnología que Steve había visto en PARC iba a cambiar el mundo y se tenía que replantear a Lisa bajo los nuevos lineamientos. Él intentó orientar al equipo de Lisa hacia lo que había visto en PARC. "Tienen que cambiar el rumbo", insistía. Los ingenieros y programadores de Lisa eran adoradores de Woz, y no estaban a favor de ser redirigidos por Steve Jobs.

En esos días, Apple era algo así como una nave que huía, surcando las aguas a toda velocidad, con mucha gente en el puente pero nadie capitaneando. La compañía, aunque apenas tenía cuatro años, disfrutaba de ventas netas anuales de alrededor de 300 millones de dólares. Steve era el cofundador, pero ya no tenía el poder de un principio, cuando solamente había dos Steves: Woz, inclinado hacia la tecnología, y Jobs, a cargo de todo lo demás. El CEO se había ido, el inversionista de arranque, Mike Markkula, fungía como CEO temporal, con Michael Scott, Scotty, como presidente. Ambos eran competentes, pero no calificados para dirigir una compañía de tecnología de gran movimiento. Los dos ejecutivos que tomaban decisiones no querían los retrasos en el desarrollo de Lisa, generados por los cambios de Steve. El proyecto estaba atrasado ya y la idea de desechar todo lo que se había hecho y volver a empezar por un nuevo camino era sencillamente inaceptable.

Para que el equipo de Lisa o los directivos de la empresa se tragaran sus demandas, Steve tenía un plan en mente: él sería nombrado vicepresidente de desarrollo de Nuevos Productos, lo que lo convertiría en el comandante supremo sobre el equipo de Lisa, con el músculo para dirigir el cambio que él trataba de aplicar en ellos.

En lugar de eso, en un reajuste organizacional, Markkula y Scott le dieron el título de vicepresidente de la junta directiva, explicándole que esto lo convertiría en la cabeza de la próxima oferta pública inicial de las acciones de Apple; tener al carismático vocero de veinticinco años de Apple ayudaría a levantar el precio de las acciones y lo haría muy rico, dijeron.

Steve estaba muy lastimado. Era muy infeliz con la manera como Scotty había aplicado este cambio sin haberle informado o consultado. Era su compañía, ¡después de todo! Y estaba realmente enojado por perder la participación directa con Lisa. Simplemente lo habían sacado de la foto.

El golpe fue todavía peor. La nueva cabeza del equipo de Lisa, John Couch, le dijo a Steve que dejara de molestar a los ingenieros, que debía alejarse y dejarlos solos. Steve Jobs nunca escucha la palabra "no" y es sordo a: "No podemos", o: "No debes."

¿Qué es lo que haces si tienes en mente un producto que revolucionará un continente, y a tu compañía no le interesa? Vi que Steve se concentraba fuertemente en este punto. En lugar de actuar como un niño al que le arrebataron los juguetes, volvió muy disciplinado y decidido.

Nunca se había encontrado en una posición como ésta en la que le pedían que sacara las manos de su propia compañía; a muy poca gente le ha pasado. Me llevó a las juntas de consejo donde lo vi conducir sesiones como un presidente con más conocimiento que los CEOs con quienes compartía la mesa, más viejos, más experimentados y sabios. Se sabía de memoria la información financiera actualizada de Apple, sus márgenes, flujos de efectivo, las ventas de Apple II en varios segmentos de mercado y regiones, así como otros detalles del negocio. Hoy todo mundo lo ve como un tecnólogo increíble, un creador de productos extraordinario, pero es mucho más y así ha sido desde el principio.

Por otro lado, lo habían despojado de su papel como un hombre de ideas y configurador de nuevos productos. Steve tenía una visión clara del futuro de la computación que le martillaba el cerebro y no podía hacer nada con ello. Las puertas del grupo de Lisa se le habían azotado y cerrado en su cara. ¿Qué era lo que seguía?

Había un proyecto en particular que estaba en una etapa temprana de desarrollo en Apple, un proyecto que Steve había tratado de matar no hacía mucho tiempo debido a que, según decía, competiría con Lisa. Entonces, regresó para ver cómo iba su progreso.

Encontró a un grupo de gente que trabajaba en un edificio al que todo mundo se refería como las "Torres Texaco", porque estaban cerca de una gasolinera Texaco. Dedicado a crear una computadora para las masas de uso fácil, el equipo había estado trabajando solamente durante algunos meses, pero ya había desarrollado un prototipo que denominaron, a partir del nombre de la compañía, "Macintosh" (la cabeza del equipo, un brillante ex profesor llamado Jef Raskin, escogió este nombre porque era su clase favorita de manzanas; parte de la leyenda de Apple menciona que el nombre se escribiría de la misma manera que esta variedad: McIntosh, pero hubo un error ortográfico. Sin embargo, Raskin insistió después que lo hizo intencionalmente para evitar la confusión).

Steve ya no quería cancelar el proyecto. Si el equipo de Lisa no quería escuchar sus ideas de una nueva clase de computadora, el pequeño equipo de Macintosh contaba con *hackers* que pensaban de la misma forma que Steve y podrían estar más abiertos a sus ideas.

Cuando el cofundador de la compañía, presidente del consejo e imagen de la alta tecnología, comenzó a frecuentar Macintosh, el equipo presentó reacciones mixtas. Se sintieron inspirados por la pasión y el compromiso de Steve, pero, al mismo tiempo, de acuerdo con las palabras plasmadas en un memorándum de uno de los miembros, pensaron: "Introduce una tensión, política y mucha lata." Cierto: la gente de alto rendimiento y visión resulta muchas veces socialmente torpe o simplemente no le importa la cortesía ni el tacto.

No tenían alternativa. Steve sencillamente tomó el control del equipo y comenzó a añadir gente, convocar juntas y fijar nuevas direcciones. La mayor queja de Steve con el líder del equipo, Raskin, residía en cómo le daría instrucciones el usuario a la computadora. Jef quería que las órdenes se dieran con el teclado; Steve sabía que había una forma mejor: moviendo el cursor con algún tipo de instrumento de control. Ordenó que el equipo de Macintosh explorara las mejores maneras de controlar el cursor y las mejores formas para que éste recibiera las instrucciones de tareas, como abrir un archivo o desplegar una lista de opciones. Los fundamentos de cómo usamos actualmente las computadoras –mover el cursor con el *mouse*, hacer *click* para seleccionar, arrastrar un archivo o un ícono y todo lo demás– eran ideas extraídas del PARC y enriquecidas por el equipo a partir de la implacable insistencia de Steve acerca de la simplicidad, la elegancia del diseño y la intuición.

Además de mis tareas a nivel corporativo, Steve también me quería como vocero en lo relativo al negocio y la organización. Por lo mismo, me asignó un segundo rol en el equipo Macintosh. Yo iba a ser el consejero sin título, un miembro adoctrinado del equipo sin el nombramiento oficial. Steve y yo nos reuníamos casi diario o caminábamos por Bandley Drive. Me usaba para rebotar ideas y obtener una segunda opinión acerca de la gente, los proyectos, el marketing o las ventas –sobre casi todo. Teníamos largas discusiones acerca de cómo convertir al grupo de Mac en el nuevo paradigma de la América corporativa.

Me vio como un socio para ayudarlo a lograr este sueño: una persona autónoma con amplia experiencia en los negocios en dos compañías líderes en tecnología. Creo que también me veía relajado, lo cual hacía un balance con él mismo. Y era un conciliador. Pat Sharp, la asistente de Steve, a veces le decía a la gente que "cuando Jay entra al cuarto, Steve es una persona diferente". Ella se refería a que se calmaba.

Las cualidades que Steve reconocía en mí venían de mis antecedentes poco comunes. Mi padre era lo que la mayoría llamaría un granjero y nosotros, un "ranchero". Vivíamos en una finca llamada *Año Nuevo*[1]: 404 hectáreas a lo largo de la costa de Monterrey, en el norte de California, con 5.6 kilómetros de playa y dos lagos lo suficientemente grandes como para que navegaran

---

[1] En español en el original. (N. del T.)

pequeñas embarcaciones. La zona había sido descubierta por Fray Junípero Sierra en 1485. La familia de mi madre fue la pionera que vino al oeste en vagones cubiertos y que se estableció en la tierra a finales del 1800, cuando California era un estado nuevo. (Actualmente hemos devuelto la mayoría del *Año Nuevo* al Estado y se ha convertido en un destino para miles de turistas cada año que van a ver los elefantes marinos).

Uno de mis tatarabuelos, Frederick Steele, fue el compañero de cuarto, en Wespoint, de Ulysses S. Grant y fungió como su mano derecha en la Guerra civil. Todavía conservo como herencia familiar el documento del nombramiento de Steele como general, firmado por Abraham Lincoln.

La cosecha y el ganado no esperan a nadie. La familia se levantaba a las cinco todos los días, incluso los fines de semana, y no veía a mi padre hasta que nos sentábamos en la cena a las seis —mis padres, mi abuela, mis dos hermanas, a veces mi hermano y su esposa, además de nuestro firme gerente de la granja.

Los niños que viven en el campo trabajan muchas horas —la escuela, la tarea y las labores de la granja. Las vacas se ordeñan a las cinco de la mañana y a las cinco de la tarde, entre semana y los fines de semana, en el sol, en la oscuridad, con niebla o con tormenta. Cuando creces lo suficiente para manejar un tractor, más te vale también que sepas repararlo; cuando se descompone a treinta kilómetros del granero, tendrás que caminar mucho para que alguien te ayude, si no lo puedes arreglar tú mismo (aunque ahora el problema es menor gracias al teléfono celular).

No es una vida fácil pero te enseña a ser independiente. Si no eres creativo, no hay muchas formas de divertirte. Yo hice mis propias tablas de surf y me construí dos botes que navegaban bastante bien. Entonces, cuando cumplí quince años, mi padre anunció que se concentraría en sus labores dentro del consejo escolar y en otras responsabilidades cívicas durante el año siguiente, dejándome a mí a cargo de la granja. Yo todavía no entiendo qué fue lo que le hizo pensar que yo era capaz de hacerlo.

Quería marcar la diferencia. En un rancho grande, una cosecha excepcional en cinco años es generalmente suficiente para mantenerte. Yo quería producir esa cosecha... pero ¿de qué? ¿Qué plantaría? Tienes que planear con seis meses de anticipación y adivinar cuál será el precio al momento de la cosecha. Descubrí en mí una fascinación por el *Almanaque de los granjeros*, el documento más increíble. Basado en las predicciones climáticas del *Almanaque* para la temporada y el consejo de los cosechadores de moras de la región, decidí plantar fresas y traer a una familia japonesa con experiencia en el tema.

Resultó ser un año de una rentabilidad fantástica –para el rancho y para mí. Creo que la experiencia me dio confianza y la idea de que podía lograr más de lo que me imaginaba.

Aprendí algo más del trabajo en la granja. Probablemente cada rancho es diferente, pero *Año Nuevo* no tenía una operación jerárquica en la que se hacía lo que uno decía. Si veías algo mal, lo platicabas. Esa actitud pronto se volvió esencial en mi personalidad y, en mi primer trabajo en el mundo de los negocios en IBM, me llevó a dar un paso que no muchos habían dado.

El presidente de la compañía, Tom Watson Jr., hijo del primer presidente de IBM, atestiguó ante la Comisión de Relaciones Exteriores del Senado, que buscaba respuestas acerca de lo que había salido mal en Vietnam, que el problema había estado en la logística, en la forma de luchar en la guerra. La actitud que venía del rancho de mi niñez de hablar cuando ves que hay algo equivocado me arrastró cuando leí el testimonio de Watson en el periódico. Me senté y redacté cuidadosamente una reflexiva carta diciendo que yo pensaba que IBM estaba cometiendo el mismo error. Yo admiraba el respeto que la compañía mostraba por sus empleados y sus clientes corporativos, pero pensaba que estaban perdiendo una oportunidad mayor al no convertirse en una fuerza dentro del mercado para el consumidor.

Me llamó el asistente de Watson diciendo que, la semana siguiente, el señor Watson iba a visitar las oficinas de IBM en las que trabajaba y que le gustaría que me reuniera con él. Entré en un infierno de nervios seguro de que sería mi último día en la compañía. En lugar de eso, dijo que estaba impresionado de mis ideas, que apreciaba que me hubiera expresado y que consideraría mis sugerencias. De ahí en adelante, cada vez que visitaba las oficinas en las que trabajaba, Tom Watson se reunía conmigo para platicar.

Creo que mi experiencia en los negocios en IBM y después en Intel, combinado con una forma de ser relajada y la capacidad de hacer sugerencias y ofrecer opiniones sin malicia, fueron cualidades que me funcionaron con Steve Jobs.

Apple había surgido con dos computadoras, producto de las ideas de su cofundador, Steve Wozniak. El camino de Woz a la fama es tan misterioso como el de su socio. En una entrevista realizada en 1996, le dijo a la escritora y periodista Jill Wolfson que había sido influenciado, cuando era joven, por los libros de Tom Swift, "ese joven ingeniero que podía diseñar cualquier cosa y que tenía su propia compañía, que podía atrapar extraterrestres, construir submarinos, tener proyectos por todo el mundo". Woz estaba tan cautivado que para el era como "la primera televisión que hubieras visto en tu vida". Inspirado, comenzó a hacer proyectos tan elaborados para las ferias científicas que cuando estaba en sexto grado ya había creado una máquina similar a una computadora que jugaba gato.

Continuó por el mismo camino durante el bachillerato y la universidad, aprendiendo por su cuenta acerca de las computadoras al hacer tareas cada vez más avanzadas, hasta que terminó diseñando y construyendo computadoras en su totalidad.

Al pedirle que resumiera su vida en una palabra, respondió sin dudar: "Suerte. Cada sueño que he tenido en mi vida se ha hecho realidad diez veces." Dijo al entrevistador que, aunque nunca fue asiduo a la iglesia, desde su niñez albergó valores que él sentía similares a los cristianos. "Si alguien te hace algo malo, no le respondes. Eres bueno con ellos y los tratas con amor desde tu corazón."

Woz también mostró un nivel de modestia, ausente en su cofundador. "Me pregunto por qué, cuando yo solamente hice... un poco de buena ingeniería... algunas personas piensan que soy una especie de héroe o alguien especial. Pero es realmente el grupo de personas y su conjunto de pensamientos lo que hacen realidad las computadoras." Por todas sus contribuciones para lanzar la revolución de las computadoras, Steve siempre comparte el crédito diciendo: "Ése es Woz."

Steve Jobs no tenía tanto conocimiento técnico ni la capacidad que Woz tenía en su dedo meñique. Entonces, ¿cómo llegó a dominar las complicaciones de la tecnología computacional?

Una vez me dijo que descubrió la fascinación por las computadoras en su preadolescencia, cuando visitaba el Centro Ames de Investigación de la NASA, cerca de Mountain View. De hecho, resultó que nunca vio una computadora. Solamente vio una terminal. Cuando lo platica, puedes notar su entusiasmo infantil y puedes oírlo cuando dice que ese día "se enamoró" con la simple idea de las computadoras.

Hablando de esos días iniciales en un documental de la PBS llamado *Triumph of the Nerds*, él arrojó algo de luz al respecto: "Tú tecleabas esas instrucciones y entonces esperabas un rato, y luego la cosa empezaba dadadadadada y te decía algo pero con todo y todo resultaba notable, especialmente para un niño de diez años, que pudieras escribir un programa en Basic o en Fortran y que esta máquina... tomara tu idea y... la ejecutara y te diera resultados. Y si eran los resultados que predecías, tu programa funcionaba realmente. Era una experiencia increíblemente emocionante."

No te conviertes en un trabajador de tecnología líder sin pasar unos años intensivos en la escuela. Pero esa estricta regla de la vida no aplicaba para Steve Jobs. Yo presencié un fenómeno que era casi increíble. Ahí estaba ese joven que había abandonado la universidad poco después del primer semestre, que se había dirigido a la India para viajar, más que como un turista, como un monje itinerante y pordiosero, y que había sido absorbido por el Budismo, el cual se volvió un compromiso a lo largo de su vida (una vez, en un viaje con él a Japón, me señaló un templo Budista que en ese momento pasábamos, explicando que, después de su viaje a la India, había decidido vivir en ese templo para convertirse en un sacerdote budista. Y lo hubiera sido, dijo, si no hubiera sido por ese proyectito que había comenzado con su joven vecino Steve Wozniak. Es increíble ver cómo nuestras vidas toman un curso diferente de lo que hubiéramos esperado).

Ahora, más que un monje neófito, Steve Jobs se convertía en un mago de la tecnología increíblemente astuto. Rápidamente se convirtió en un maestro en todo lo relacionado al diseño de Macintosh, su arquitectura de sistema y su funcionalidad. Su sentido de la tecnología era tan profundo que podía discutir con todos los ingenieros acerca de los detalles que estaban trabajando, queriendo saber qué tan avanzados estaban, por qué el ingeniero había tomado una decisión en lugar de otra, decidiendo que alguna elección no era la mejor y ordenando el cambio. Incluso algo tan fundamental como cuál chip de computadora tendría la Macintosh: Steve ordenó al equipo crear un prototipo totalmente nuevo de computadora, usando un chip diferente, el Motorola 68000, que tenía una memoria más grande. Ellos protestaron, pero lo obedecieron; resultó ser una decisión correcta.

Una vez que entrevistaron al ingeniero de Mac, Trip Hawkins, acerca de su época en Apple, describió a Steve como poseedor de "un poder de visión casi escalofriante. Cuando Steve cree en algo, el poder de esa visión puede literalmente barrer cualquier objeción, problema o lo que sea. Simplemente dejan de existir".

¿Qué es lo que movía a Steve Jobs? En mi papel, que él llamaba su mano izquierda (porque es zurdo), encontré la respuesta en comentarios que hizo sobre él mismo y su forma de ver su función y objetivos. Los grandes productos solamente vienen de gente apasionada. Los grandes productos solamente vienen de *equipos* apasionados.

La visión de la que hablaba Trip Hawkins venía del foco de Steve, pero, aún más de su pasión. Me encantaba lo que Steve decía sobre esto, estableciendo un parámetro para sí mismo y para todos los que lo rodeaban, haciendo su trabajo lo mejor posible, "porque solamente puedes hacer un número limitado de cosas en tu vida". Como cualquier artista apasionado, siempre fue motivado por el ímpetu de sus creaciones. La Mac y cualquier producto que surgió después son "más que productos", son la representación del intenso compromiso de Steve Jobs. Los visionarios son capaces de crear grandes obras de arte o grandes productos, porque su trabajo no es de nueve a cinco. Lo que Steve hacía lo representaba; era intuitivo e inspirado. No sabía que hacía lo que Einstein recomendaba: "Sigue lo misterioso." Años después de la primera Macintosh, mucha agua ha corrido bajo el puente, y después de algunos penosos tropiezos, Steve por fin reconoció que su pasión no era solamente crear grandes productos, sino algo más específico, más concentrado, como veremos más adelante en estas páginas. Esto lo llevaría a realizar una serie de instrumentos elegantes, accesibles, intuitivos, bellos y poderosos, que han definido su carrera. El mundo entero cambiaría para él... y él cambiaría el mundo. "Podría hacer muchas otras cosas en mi vida", dijo, "pero la Macintosh va a cambiar el mundo. Yo lo creo y he escogido a gente que también lo cree para el equipo".

Esta pasión por el producto se manifiesta a través de toda la organización de Apple, desde las recepcionistas y los ingenieros, hasta los miembros del consejo de dirección. Si los empleados de cualquier compañía no sienten esta pasión emanada de los líderes, entonces los líderes se tienen que preguntar: "¿Por qué no?"

Como Zar del producto, Steve mostraba distintas facetas en el equipo de Macintosh, comenzando como conceptualizador de producto en jefe. Desde el escritorio de diseño hasta la entrega, él habitaba el producto, viviendo cada detalle de lo que se experimentaría, como si fuera un organismo vivo que respiraba.

Sabía que tenía que estar rodeado de gente como él dispuesta en invertir en la excelencia de productos. Su pasión es uno de los secretos subyacentes al éxito de Steve. Es exacto y demandante y, sí, por momentos, desconsiderado. Es un reflejo del fervor feroz que lo guía.

La mayoría de la gente, piensa Steve, no tiene las características para ser un emprendedor o un gerente de producto. Eso mencionaba cuando trataba de sacar adelante NeXT. "Mucha gente me dice «quiero ser un empresario»." Cuando les pregunto: ";¿Qué idea tienes?", contestan: "Todavía no la tengo." A gente como ésta le respondo: "Creo que tienes que conseguir un trabajo como garrotero o algo así hasta que encuentres algo que te apasione."

Él cree que "la mitad de lo que separa a un empresario exitoso de uno que fracasa es pura perseverancia". "Pones tanto de tu vida en esto. Hay momentos tan ásperos que me imagino que mucha gente renuncia. No los culpo. Es muy rudo y consume tu vida." Tienes que arder con "una idea, un problema o algo equivocado que quieres corregir". Si no estás lo suficientemente apasionado desde el inicio, nunca vas a sobresalir.

2

El éxito está
en los detalles

Steve Jobs entendió algo que muchas compañías han intentado hacer, pero que pocas han podido lograr. Entre más avanzaba, más sencillos se volvían sus productos. En algunos casos, era menos importante el producto y más importante el usuario. Cada usuario tiene que sentirse exitoso. Cuando sabes cómo operar algo a la perfección, ¿cómo te sientes? Más gente comprará tu producto si los clientes se sienten bien usándolo.

Para Steve, nada es desperdicio, nada es innecesario. El bienestar no se logra al acumular más cosas; sucede a partir de la creatividad y la innovación, con la búsqueda implacable de la perfección. Esto implica pensar en todo con el objetivo agudo de hacerlo intuitivo al usuario. La ironía es que esto requiere más trabajo, una planeación con mayor orientación hacia los detalles.

Ustedes probablemente conozcan a unas cuantas personas –o probablemente a más de unas cuantas– que se consideran orientadas a los detalles. Tal vez ustedes mismos puedan ubicarse en esta categoría. El nivel de concentración de Steve en los detalles es uno de los aspectos cruciales de su éxito y del éxito de sus productos.

Él usaba un reloj Porsche porque había quedado muy sorprendido por la calidad del diseño, digna de un museo. Todo el que descubría su reloj, quedaba admirado. Entonces Steve se lo quitaba y se los regalaba, como si dijera "felicidades por reconocer un diseño excelente". Minutos después, llevaba un reloj idéntico en su muñeca. Cada uno costaba alrededor de 2000 dólares y guardaba una caja llena en su oficina para regalarlos. (La correa del que me regaló se rompió hace algunos años. Como estaba integrada al cuerpo y ambos eran de titanio, no se pudo arreglar. Nunca le pregunté a Steve si esos relojes fueron inspiración para la Mac Titanium).

Miro hacia atrás y veo esas sesiones en el estacionamiento y la fijación por los relojes de pulsera como un símbolo de lo que iba a convertirse en una característica esencial del carácter de Jobs y de su éxito como diseñador de productos: su empeño —o tal vez diría su absoluta y fundamental necesidad— de concentrarse en cada aspecto o detalle, eliminando todo de su vista y mente hasta que llegara a una decisión acerca de lo que estaba buscando.

Por supuesto que todos nos concentramos en algún momento. Sin embargo Steve trata cada aspecto de un producto o de una decisión al mismo nivel de intensidad de escrutinio. Primero aplica su visión hacia donde quiere ir y luego a la visión del producto —cómo funcionará, cómo se ajusta a los estilos de vida, cómo usa la gente las cosas.

Anticipando la experiencia del usuario

Steve quería vivir cada detalle de la experiencia. Cuando estás en casa o en tu oficina con tu nueva computadora, ¿qué es lo que vas a ver al abrir la caja por primera vez? ¿Cuántas cosas tienes que quitar para sacar la computadora y qué tan fácil es quitarlas? Le decía al equipo de desarrollo, "bueno, yo soy el producto. ¿Qué me sucede cuándo el comprador trata de sacarme de la caja y me quiere encender?" Siempre descubriría imperfecciones en todo, desde el diseño, la experiencia e interfase del usuario, el marketing o el empaque, hasta cómo el producto iba a ser comercializado y vendido.

A mí me maravillaba esa actuación. Ésta era una pasión por los detalles en su más fina expresión, pasión combinada con la valentía de su propia visión y con la confianza de ser él, el consumidor por excelencia.

El *mouse* sería algo totalmente nuevo para los usuarios. ¿Cómo diseñaríamos el empaque para que tuvieras la sensación táctil de tener el *mouse* en tu mano desde el momento de sacarlo de la caja?

¿Cómo diseñaríamos la caja de la computadora para que se viera bella, como algo que satisfaga la vista y que estés orgulloso de tener en tu escritorio? Que no fuera solamente una caja horrible con las esquinas cuadradas, como si hubiera sido diseñada por un ingeniero.

¿Qué tan rápido se enciende la Macintosh cuando la conectas y aprietas por primera vez el encendido?

¿Qué es lo que verás cuando la pantalla tome vida en el momento que la enciendes?

¿Serás capaz de intuir la forma de hacer todas las operaciones básicas, *sin ver el manual?*

En una junta con la gente que escribía la documentación de apoyo para la Macintosh, alguien expuso la mejor idea del día: el manual del usuario debería ser escrito a un nivel de entendimiento de bachillerato. Steve desechó amablemente la sugerencia: "No," dijo, "a nivel de primer grado". Mencionó que uno de sus sueños era que la Mac fuera tan simple que no necesitara un manual. Y después añadió: "Tal vez necesitemos a un niño de primer grado para que lo escriba."

Sabía que iba a haber funciones que no podrían ser intuitivas; aceptaba que únicamente los aparatos más simples podían ser totalmente intuitivos, pero también sabía que si sus diseñadores y programadores se esforzaban lo suficiente, podrían llegar con formas brillantes para que la Mac (y todo lo que le siguió) fuera fácil de usar. Para Steve, el éxito está en los detalles.

Simplicidad

Dado que desde siempre Steve estuvo determinado en hacer cada producto tan simple y sin complicaciones como fuera posible, le encantaba una historia que le platiqué una vez sobre la razón por la que yo admiraba el Ford Modelo A, 1932. Como premio por haber trabajado duro en el rancho, me dieron un viejo Modelo A como regalo de mis quince años. Necesité ocuparme del motor y los frenos entre otras cosas, para ese entonces el auto tenía más de veinte años. Pero la gente de Henry Ford había hecho tan buen trabajo que fue muy fácil, sin usar ningún manual, arreglar el motor. Ford lo había diseñado con tal detalle en la fábrica que las cintas de madera del empaque de las partes se usaban como piezas estructurales para el piso, los asientos y el interior del coche. Y si tenías que remplazarlas, el tipo y tamaño de la madera estaba grabada por atrás para que supieras qué era lo que buscabas. Cuando le conté a Steve esta historia le señalé que cuando el coche se lanzó, su competencia era el caballo y no existían aún los talleres de servicio.

Los compradores de computadoras nunca antes habían visto un *mouse*. Su competencia era el teclado. Me hizo pensar en lo que hizo Henry Ford; esos primeros conductores tuvieron que aprender a usar el embrague, el acelerador y la palanca de velocidades para seguir adelante. El *mouse* era igualmente una novedad para el usuario, pero iba a requerir mucho menos aprendizaje.

Cuando Steve Jobs tenía a sus mejores ingenieros trabajando en un proyecto secreto para desarrollar el iPhone, tuvo una batalla de salarios. El intento de crear un teléfono celular fue un esfuerzo monumental para una compañía que no tenía experiencia en ese campo. Una de sus grandes razones para llevar a cabo este reto sin comparación era que cada celular que él había tenido era desde su perspectiva muy complicado de usar: éste era un reto perfecto para un hombre tan dedicado a los detalles, y a la calidad y simplicidad que los acompaña. De tal forma, Steve decidió desde el inicio que el celular que desarrollaría con Apple tendría solamente *un* botón.

Sus ingenieros se pasaron diciéndole una y otra vez en sus revisiones semanales que no era posible que un celular tuviera un solo botón. No podrías prenderlo y apagarlo, controlar el volumen, cambiar funciones, navegar en internet y usar el resto de las funciones que tendría el teléfono, si solamente tuviera un botón. Steve era sordo a sus quejas. Siguió pidiendo: "El teléfono tendrá un solo botón. Arréglenselas."

Aunque a lo largo de los años ha sido un solucionador de problemas increíble y un originador de ideas inteligentes para todos los productos que ha desarrollado, Steve no sabía cómo podía diseñarse un teléfono que necesitara solamente un botón. Pero, como el consumidor por excelencia, sabía lo que quería. Siguió pidiendo a los ingenieros que encontraran las soluciones necesarias. Ustedes ya saben el fin de la historia: el iPhone original tenía solamente un botón de control.

Las manos

A Steve le fascinaban las increíbles capacidades de la mano humana, estaba simplemente intrigado por la mano y su función con el brazo. A veces en juntas lo descubría con una mano en alto frente a su cara, girándola lentamente, absorto por cómo estaba configurada y lo que era capaz de hacer. Durante diez o quince segundos se le podía ver totalmente aislado en este ejercicio. Bastaba verlo una o dos veces para entender lo que significaba: sus dedos podían ser mucho más aprovechados para transmitir instrucciones a la computadora que con el simple golpeteo al teclado.

A partir de sus visitas al PARC, hablaría con frecuencia acerca de lo increíble que eran las manos y diría cosas como, "las manos son la parte del cuerpo que más usamos para implementar lo que quiere el cerebro". Y "si pudieras replicar una mano, tendrías un producto invencible". En retrospectiva, ésta era una observación muy poderosa de un detalle que ha derivado en la actual línea de productos de Apple, desde la Mac, el iPod, el iPhone y el iPad.

Steve hizo que el equipo de Mac probara una gama de aparatos para controlar el cursor. Uno tuvo la forma de una pluma y creo que otro fue como una tableta, más o menos como las computadoras portátiles actuales con pantalla sensible. Tomó un tiempo convencerlo de que nada funcionaba mejor que el *mouse*. Todo se hizo posible, desde los menús desplegables, hasta los comandos de edición como cortar y pegar, gracias a la movilidad del cursor.

El usuario por excelencia: el consumidor como yo,
yo como el consumidor

En el nivel más fundamental, la visión detrás de los productos de Apple han tenido que ver con la forma como Steve se siente acerca de éstos. Los ve como parte personal e íntima de la vida humana. Como un entusiasta y perfeccionista que tiene el poder de poner en práctica sus visiones, diseña productos basados en el amor por la tecnología sofisticada pero con la bella simplicidad de la funcionalidad, lo que los convierte en objetos que pueden ser adoptados hasta por los consumidores más casuales y menos tecnológicos.

Cuando Steve crea un producto para él, cree que toma en cuenta a todos los consumidores; al diseñar para él mismo, está diseñando tanto para el Señor E. F. Hodelaca (El Famoso Hombre de la Calle), como para la mujer.

Al inicio, especialmente, pareciera que todos los que trabajaban en proyectos con Steve tenían historias de horror sobre el nivel de interés en las decisiones que se tomaban. Cuando surgió la primera Mac, él era un gerente que recorría todos los puntos al extremo. Era un equipo pequeño, no más de cien personas cuando mucho, incluyendo el área de negocios, publicaciones, *marketing* y el resto. Sin embargo, él estaba en tu escritorio o en tu cubículo con una regularidad alarmante, pidiendo una revisión de todo el equipo sobre cada decisión que habías hecho desde su última visita. Y si decía algo como: "Esto es una mierda", necesitabas saber que no forzosamente te estaba criticando, sino que era una solicitud al estilo de Steve: "No te entendí eso, explícame."

A casi todo el equipo de Mac le tomó un tiempo darse cuenta que lo que parecía un exceso de control, una intromisión y una pérdida de tiempo era realmente el compromiso de un líder que no solamente preguntaba porque estaba demasiado enterado de los detalles. No, estos eran actos de un hombre que tenía una visión del producto que quería crear y que sabía que cada decisión era la mejor para llegar a ese punto.

Haciéndolo bien

Si Steve estaba motivado por convertir cada producto en la máxima expresión de simplicidad y entendimiento intuitivo para el consumidor, esto siempre estaba ligado a un estímulo equivalente por crear. Infundía en sus productos dos cualidades: además de ser intuitivos, cada producto debía crear una experiencia lo suficientemente satisfactoria para que el usuario creara un vínculo *emocional* con el producto.

Para Steve, lanzar un producto a tiempo no era tan importante como lanzarlo bien, tan cercano a la perfección para el usuario como fuera posible. Una y otra vez tocaría el silbato, detendría el movimiento hacia la meta y ordenaría a su equipo de producto detenerse y reagruparse. No quería hacer un producto como la PC de IBM, que desde su punto de vista era más útil como un tope de puerta. Casi todos los productos que han construido la reputación de Apple, desde que Steve regresó —casi todos— han salido después de su fecha de lanzamiento, porque Steve hizo el llamado difícil, tan impopular con los accionistas de la mayoría de las compañías, para decir que el producto no estaba listo para su estreno.

Meses después de la fecha de lanzamiento que Steve había fijado, la gente del equipo de Mac seguía usando camisetas impresas con "Mayo 1984" en las mangas, sin que el producto hubiera salido al mercado.

Pero ya nunca lo critican en la prensa por salir tarde con un lanzamiento. Sencillamente ya no anuncia un nuevo producto sino hasta que está a punto de salir. No presta atención a los rumores o a "lo que se dice en la calle". Todas las especulaciones solamente avivan el fuego de la anticipación.

Haciendo uso de talento e intereses
que nunca nos imaginamos que usaríamos
¿Cuál es el talento, capacidad o conocimiento más extraño que tienes y que nunca pensaste que fuera gran cosa?

Todos tenemos esos talentos latentes o retazos de conocimiento que nunca pensamos que tendrían un papel importante en nuestras vidas. Steve tenía un buen número de ellos. Por ejemplo, en su corta estancia en el Reed College se topó con la materia de caligrafía. Él era un joven que había sido picado por el bicho de la tecnología desde pequeño. ¿A quién se le hubiera ocurrido que una rareza como la caligrafía le llamaría la atención?

Él está fascinado por las formas, desde los trazos que configuran las letras en tipografías como la Garamond o la Myriad hasta el diseño increíblemente atractivo, cerca de la perfección, del iPhone (durante un tiempo, cuando lo acababa de conocer, firmaba con su nombre escrito con una bella letra script en minúsculas).

Para Steve, la interfase gráfica que había visto en PARC era como una invitación: significaba que su Macintosh no tendría la tipografía burda, aburrida e irritante que había sido el estándar desde el inicio de los primeros monitores de computadora. Gracias a un monitor gráfico en línea que había en PARC, la Macintosh podía contar con una amplia selección de bellas fuentes, agradables a la vista y de ancho variable, con diferentes tamaños, además de tener negritas, itálicas, subrayadas y superíndices para notación matemática, en adición a las variaciones que el mismo Steve pudiera imaginar.

No sería la última vez que Steve contaba con una visión del futuro. Al igual que mi propia experiencia con el Modelo A, las experiencias tempranas tienen un poder casi mágico si uno puede retomarlas en momentos decisivos.

Detalles, detalles

Algunas de las historias sobre el nivel de interés de Steve por los detalles mínimos pueden hacerles sonreír al mismo tiempo que les dan una idea de la dimensión a la que nos referimos.

En 2002, cuando Steve estaba tratando de convencer a los recelosos ejecutivos de la industria musical para que cerraran tratos con él a fin de vender su música en línea, contactó a Hilary Rosen, la Presidente Ejecutiva de la asociación comercial de la industria: la RIAA, la Asociación Americana de la Industria de la Grabación. Ella estuvo presente en una junta con Steve y miembros del equipo que diseñaban el *website* para la Apple iTunes Music Store, mientras hacían la enésima revisión a fin de que Steve le echara un ojo. Ella describiría posteriormente su asombro y regocijo: "Steve dedicó alrededor de veinte minutos dando vueltas con los ingenieros acerca del mejor lugar para poner *tres palabras*, en un espacio de tres cuartos de pulgada. Así era de enfocado en los detalles."

Un escritor de *Time* tuvo una experiencia similar. Le permitieron asistir a una junta en Pixar y estuvo igualmente sorprendido de la atención de Steve por los detalles. Algunas personas de mercadotecnia de Disney habían ido a compartir sus planes de promoción para el lanzamiento de *Toy Story 2*, y Steve hacía bizco cuando hablaban de los elementos con código de color en los pósters, cortos promocionales, anuncios espectaculares, fechas de lanzamiento, promociones para el álbum con la música de la película y para los juguetes basados en los personajes, entre otras cosas. Steve hacía preguntas detalladas y puntuales sobre la pauta para los comerciales de televisión, los eventos en Disneylandia y en Disney World, así como a cuáles programas de noticias y de entrevistas tendría que asistir la gente del estudio. De acuerdo con este artículo, Steve estaba tan "sumergido en esto" que "desmenuzaba el calendario como un rabino estudiando el Talmud". El escritor estaba claramente impresionado. Pero para cualquiera que hubiera trabajado con él, ninguna de estas preguntas lo hubiera sorprendido. Así era de detallado con *todo*.

Un ejemplo más: la preocupación de Steve por los detalles tenía a veces un impacto mucho mayor a si Disney dedicaba su material punto de venta navideño a Winnie Pooh o a Buzz Lightyear. En el iPhone, el equipo de diseño había generado un número casi obsceno de variaciones a la carcasa, algunas apenas distinguibles y otras radicalmente distintas, que requerían materiales muy diferentes. Y entonces, en un fin de semana, a algunos meses del lanzamiento, Steve finalmente se dio cuenta de la dolorosa realidad: simplemente no estaba satisfecho con el armazón que habían escogido.

Al siguiente día manejó a su trabajo sabiendo que su equipo del iPhone –las tropas que habían trabajado horas imposibles– no estarían contentos con él. No le importó. Steve es el Miguel Ángel de la creación de productos. Seguirá dando brochazos al lienzo hasta que esté seguro de que está listo. Es lo que llama a veces "apretando el botón de reiniciar". Larry Tessler de Park, quien se había convertido en el científico en jefe de Apple, dijo en una ocasión que no sabía el significado de la palabra carisma hasta que conoció a Steve Jobs. Cuando crees en tu producto y en tu gente de forma tan absoluta como Steve, tu gente te apoyará.

Apple tuvo uno de los índices de rotación de personal más bajos de Silicon Valley, y ese índice era todavía menor en los equipos de producto. Muy poca gente se iba gracias al horario y a las condiciones de trabajo.

Pero para ese momento las tropas de Apple sabían qué esperar. Cuando Steve dice: "No está bien, tenemos que tirar esto a la basura, dar un paso atrás y darnos cuenta de cuál es la solución correcta", la presión iba a subir, pero el producto, por ende, iba a ser mejor.

Traten de imaginarse algo en Apple tan insignificante que no hubiera forma de que a Steve Jobs le interesara. Ahora imagínense lo siguiente para dimensionar esto: hay un joven en Los Ángeles llamado Ian Maddox, que trabaja en el programa de televisión *Warehouse 13*, en el canal Syfy. Antes de trabajar ahí, fue representante de ventas y "amo de llaves" (alias, gerente asistente) en la tienda de Apple en Pasadena. Poco tiempo después de haber entrado ahí, un equipo de trabajo empezó a ir a la tienda cada noche, cuando el último cliente se había ido. El equipo rompió los pisos, parte por parte, para poner uno nuevo, de granito gris oscuro, importado de Italia, seleccionado personalmente por Steve, "muy elegante para una tienda", decía Ian. Días después de haber terminado el trabajo, muy temprano en la mañana, antes de que abriera la tienda, los gerentes daban vueltas en estado de alerta. Hasta el gerente regional apareció. Y ahí estaba Steve Jobs, quien había ido a inspeccionar el piso con cuatro o cinco personas detrás de él.

Steve no estaba satisfecho. El mosaico se veía bien al principio, pero en cuanto los clientes empezaron a entrar en la tienda, unas enormes, horribles manchas empezaron a aparecer. En lugar de que el lugar se viera elegante, el granito hizo que se viera sucio y descuidado.

Los empleados estaban atemorizados, tratando de ver la escena y ver la reacción de Steve mientras pretendían estar ocupados. No estaba solamente insatisfecho; estaba furioso, echando humo, ordenando que se arreglara esto. La noche siguiente, los trabajadores regresaron, levantaron el piso y comenzaron todo de nuevo. En esta ocasión utilizaron un sellador distinto y un producto diferente para limpiar las lozas.

Cuando escuché esta historia, sonreí. No me podía imaginar a otro CEO de otra compañía global tomándose la molestia de supervisar el piso de una tienda, aunque era muy típico de Steve, el maestro de los detalles.

Pienso de vez en cuando en ese episodio y me pregunto si "he dicho últimamente «no es lo que pedí, pero supongo que es suficiente»". Es una manera de verificar si soy tan demandante en los detalles, tan demandante en la perfección, como mi modelo, Steve Jobs.

Ian tuvo también otra historia con Steve Jobs; una que refleja una faceta distinta de la personalidad de negocios de Steve. Mientras trabajaba en la tienda de Apple, Ian recibió un email que lo sorprendió. Un cliente a quien había ayudado, satisfecho e impresionado lo suficiente, envió un correo a Steve Jobs, en el que hablaba muy bien del servicio. El *email* que Ian recibió venía de Steve, con copia al cliente. El mensaje completo decía:

buen trabajo

Eso fue todo. Sin mayúscula, sin punto, sin firma. Ian decía, "es suficiente".

Nuevamente, ¿cuántos CEOs de compañías grandes creen ustedes que se toman el tiempo para felicitar a alguien tan lejos en la jerarquía?

Aprendiendo de los errores

Un día, mientras el equipo de Mac se acercaba más a una máquina que funcionaba y a un *software* que ejecutaba todas las funciones necesarias sin atorarse, Steve llegó a una demostración y no estaba contento. "¿Qué es ese ruido?", preguntó. Nadie sabía de qué estaba hablando. No había ningún ruido, con excepción de un ligero zumbido del ventilador.

Él no quería aceptarlo en lo absoluto. Todas las demás computadoras tenían un ventilador ruidoso. La Macintosh tenía que ser completamente silenciosa. Los ingenieros trataron de explicarle que la Mac no podría funcionar sin un ventilador. Se calentaría y se quemaría. Steve insistió: sin ventilador. Los ingenieros empezaron a desfilar por mi oficina pidiéndome que hablara con Steve, que tenía que convencerlo. Todos los ingenieros del equipo insistieron que la Mac necesitaba un ventilador. Toda la organización estaba en desacuerdo, pero él no cambiaría.

Los ingenieros regresaron a sus posiciones en el laboratorio y empezaron a rediseñar la Mac para que funcionara sin un ventilador. La fecha del lanzamiento iba y venía. La Macintosh fue finalmente presentada al mundo con cinco meses de retraso.

Steve tenía razón en principio. Una computadora totalmente silenciosa es un gozo en el uso, pero el costo era muy grande. De nuevo Steve tuvo que aprender una lección valiosa: los detalles son importantes, vale la pena esperar para tener las cosas bien, pero hay momentos en que tienes que ponderar el beneficio de tener las cosas bien contra el costo de estar tarde en el mercado. Steve siguió retrasando el lanzamiento de los productos para que salieran bien, pero reconoció públicamente que nunca se volvería a poner en una posición que permitiera tales demoras.

Algunos críticos de Macintosh, y aun algunos de los más ávidos promotores, llamaban a esas Macs iniciales, con sus inevitables problemas de calentamiento, los "tostadores beiges".

Pero todos los productos mayores que vinieron después, del iPod en adelante, incorporaban las lecciones que Steve había aprendido de la construcción de esas primeras Macs; lecciones acerca del proceso para hacer llegar los productos a las manos del consumidor, del precio y otros elementos, que se basaban en sus primeras experiencias como creador de productos.

Ésos no fueron los únicos grandes desaciertos de Steve en la Mac. Decidió que además de crear el *hardware* y el *software*, también quería fabricar las computadoras. La fábrica costaría 20 millones de dólares; el consejo de Apple estaba reacio dado que nadie creía que la Macintosh vería la luz del día; sin embargo, la decisión aprobatoria fue un poco más sencilla dado que Apple tenía 200 millones de dólares en el banco, gracias a las ventas estelares de la Apple II.

Steve encontró el edificio de una fábrica cerca de Fremont, a un poco más de media hora de Cupertino, y la vio lista para que se rediseñara como una planta totalmente automática para el ensamblaje de la Macintosh. (Aunque los libros de historia de la tecnología se refieran a ella como la fábrica, de hecho era una planta de ensamblaje, ya que los componentes eran manufacturados en Japón y otros lugares, antes de ser embarcados a Fremont).

Él trabajó personalmente con los ingenieros, diseñando las diferentes máquinas automáticas y, como siempre, involucrado en las decisiones detalladas sobre su funcionamiento y su control. Cuando llegó la primera máquina y la instalaron, él era como un niño esperando que llegara la mañana de Navidad. Estaba ansioso de ir a Fremont para verla funcionando. Su enorme interés por la robótica parecía surgir de la fascinación que encontraba en la mano humana. En las semanas previas a que la planta arrancara la producción, fuimos juntos unas tres veces por semana.

Pero esta parte de la historia no tiene un final feliz. Si Steve hubiera hecho una pausa y aplicado sus profundas capacidades analíticas, se habría dado cuenta de que las ventas de Macintosh tendrían que ser astronómicas para que la planta funcionara financieramente. Creo que cada Mac que se construyó en la planta costó alrededor de 20 000 dólares. Cada una de las Macs se vendía en 2 000 dólares; hagan cuentas. Fue una decisión carísima que se complicó en el momento en que las Macintosh no se vendieron como se esperaba.

Pero hay que reconocer que este fue otro error que Steve nunca volvería a cometer.

Un pequeño cambio y un gran resultado

Lo que más apreciaba de Steve era su profundo discernimiento intelectual, porque yo había tenido experiencias similares al inicio de mi carrera. Durante mis días con Intel, estaba en una junta ejecutiva con los tres fundadores de la compañía, Andy Grove, Gordon Moore y Bob Noyce, quien fuera uno de los inventores del semiconductor.

Andy sostenía un chip semiconductor de la competencia y dijo: "Véanlo, se ve mucho mejor que nuestro producto. Nuestros semiconductores tienen una tecnología mucho mejor, pero éste tiene un mejor empaque, mejor tipografía y los contactos son de oro. Nos están matando con un producto que no es tan bueno pero que *se ve* mejor."

El semiconductor es un producto que funciona dentro de una computadora o de otro aparato electrónico. Aunque nadie lo ve, todos en la junta entendimos que Intel tenía que hacer algo. Diseñaron un importante plan para que el producto luciera de acuerdo a la calidad de la tecnología. Entonces lanzaron una fuerte campaña para dar a conocer el producto, el programa de Intel Inside. Intel era la compañía número cuatro en el mercado de los semiconductores. Con estos esfuerzos se convirtió en la número uno.

No es exagerado decir que Steve llegó a ser un líder corporativo tan eficiente y que generó tal gama de productos extraordinarios, gracias a su concentración extrema en los detalles más pequeños y al cuidado en su realización.

Para Steve, *todo* importa. Seguirá innovando para acercarse cada vez más a su ideal, a su visión de la perfección, la cual casi siempre va más allá de lo que cualquiera considera alcanzable. El proceso consume mucho tiempo, es desquiciante para los creadores de producto que trabajan para él, pero es un elemento absolutamente esencial de su éxito.

II

EL TALENTO
MANDA

Haciendo equipo:
"¡Piratas! No la Marina"

Debí de haberme imaginado que no iba a ser el típico retiro de negocios. Las grandes ventanas del restaurante del segundo piso en el hotel Carmel Inn ofrecía a todos una vista perfecta de la centelleante alberca. Un grupo de jóvenes y un par de jovencitas estaban retozando bajo el agua completamente desnudos. Nada menos que a las ocho de la mañana. La mayoría de los comensales no sabían hacia dónde mirar. Dos dignas señoras de pelo gris que se demoraban con su café parecían estar en *shock*. Yo estaba casi tan sorprendido como ellas. Esos jóvenes que chapoteaban y gritaban eran miembros del equipo de Macintosh.

Creando una cultura de equipo
Todo líder y todo gerente quiere que su gente trabaje junta, todos hacia la misma dirección, apoyándose entre ellos, todos contribuyendo para alcanzar los objetivos del grupo. Claro que el asunto de la alberca era demasiado y no precisamente el mejor ejemplo de lo que un líder debería estar buscando, pero definitivamente mostraba que Steve había creado un sentido de comunidad en el grupo de Macintosh.

Para ese momento, el equipo de Mac había crecido del grupo original de cinco personas, formado para crear una computadora de ruptura, a un grupo de treinta, incluyendo los nuevos que Steve había añadido a los equipos. Había planeado esta reunión fuera de la oficina para asegurarse de que todos estaban en la misma frecuencia y se movían en la misma dirección.

A este grupo, la mayoría en sus veintitantos años, se le había solicitado que llegara con ideas completamente frescas y originales a un lugar que se le podría llamar hostil: dentro de los límites de una próspera compañía en una línea de producto que ahora Steve veía como anticuada y que ya no era relevante. La zambullida nudista era de esperarse. Él había barrido las oficinas de Apple y otros lugares para encontrar a gente que tuviera el valor de ser diferente, no convencional, que fuera más allá. Gente nadando desnuda era un síntoma de que había tenido éxito.

Elementos de construcción de un equipo

Conforme fueron llegando a la sesión inicial del retiro de negocios en Carmel, un grupo de gente repartía algo: a cada miembro del equipo se le daba una camiseta que llevaba impreso lo que sería el icónico logo del equipo de Mac:

"¡Piratas! No la Marina"

Nunca le pregunté a Steve de dónde había salido esa frase. Hoy pienso que pudo haberla generado Jay Chiat, el talentoso cofundador de Chiat / Day, la agencia de publicidad que a lo largo de los años haría posible esa magia para Steve y para Apple. Pero fue Steve quien la tomó como el lema que sacudiría a las tropas. La reconoció como el grito de guerra que ayudaría a construir un equipo coherente, un equipo de gente que se uniría y se apoyaría entre sí.

Y tuvo éxito. Para Steve las juntas de producto eran una gran oportunidad para que el equipo trabajara en diferentes aspectos del proyecto que normalmente no tocarían. Estas reuniones fuera de la oficina abrigaron un sentido de pertenencia y de "todos estamos juntos en esto" a lo largo de la organización. Durante tres días, el equipo se unía al pasar cada minuto juntos: comiendo, jugando y desarrollando ideas.

Steve dio un discurso apasionado celebrando sus talentos únicos e hizo un llamado a su sentido de jugar un papel fundamental en la construcción de algo revolucionario.

La camiseta de "Piratas" era solamente una de las cientos de ellas que vería durante mi estancia en la compañía. Apple sería conocida como una compañía que festejaba cualquier cosa –logros de productos y objetivos, lanzamientos de artículos innovadores, la llegada de nueva gente clave. Y dar camisetas y sudaderas para conmemorar algún triunfo se convirtió en un distintivo de Apple. Creo que debo de tener cientos de ellas que reuní durante los años. Y de hecho hay un libro con las fotos de las camisetas de Apple.

La virtud de los equipos pequeños orientados al producto
Steve entendía instintivamente que algunos proyectos necesitaban el calor y la intensidad generada al reunir a un pequeño número de gente talentosa y dejarla trabajar libremente sin las restricciones comunes. En las circunstancias adecuadas, motivados por el entusiasmo correcto, los piratas pueden alcanzar lo que la Marina no puede. Él esperaba que todos los miembros del equipo liberaran en su totalidad sus talentos artísticos y creativos. (Después, él usaría este método para los equipos en todos los proyectos).

Su plan desde el principio era que el grupo de Mac no creciera a más de cien personas. "Si necesitamos contratar a alguien con una experiencia particular, alguien se tendrá que ir", decía. Él sabía del peligro de que un grupo de trabajo creciera tanto como para que comenzara a hacer erupción con bloqueos organizacionales, haciendo todo más lento. Pero la explicación que él prefería dar era que "es difícil saberse los nombres de más de cien personas". Ésta era una más de sus actitudes minimalistas, surgida de sus creencias budistas. Por supuesto, tenía razón. Una organización grande cae en las trampas de la duplicación, de muchos niveles de aprobación, y en barreras que se cruzan en la comunicación y en el libre flujo de ideas. Steve vio que esto ya estaba pasando en el resto de Apple. Él quería demostrar el concepto de un pequeño equipo de arranque con el éxito de la Macintosh y después usar esta experiencia para difundir el pensamiento de los pequeños equipos orientados al producto hacia el resto de Apple.

Lo de "Piratas" no se refería solamente al producto; capturaba el pensamiento subversivo y el espíritu revolucionario que Steve quería aplicar. Él hablaría del futuro de Apple, preocupado de que si crecía, se convertiría en otra compañía de vainilla.

Sus expectativas más altas se aplicaban a cualquier departamento, desde ingeniería, ventas, contabilidad y producción. Tal como si tomara la ingenuidad de cientos y cientos de mentes visionarias para llevar a tres hombres a la luna, Steve dependía de cada empleado de Macintosh para que aportara su propio giro y valiosa contribución con el fin de alcanzar la meta máxima.

Ésta era la cultura de un equipo orientado al producto. Sería esencial, decía, para que Apple continuara como un lugar de ideas vibrantes, productos inspiradores y al mismo tiempo, un gran lugar para trabajar.

Una gran parte de la extraordinaria camaradería del grupo de Mac era también resultado de la protección de Steve de la interferencia del resto de la compañía. Siendo una unidad independiente, el equipo de Mac tenía sus propios diseñadores, programadores, ingenieros, equipo de producción, escritores de documentación y especialistas de promoción y publicidad. La ventaja de ser parte de un grupo pequeño, particularmente cuando puedes estar trabajando dieciséis horas al día, es tener una relación cercana con otros en el grupo. Esto promueve la responsabilidad. Se vuelve más personal y hace a cada individuo absolutamente determinado a mantenerse al nivel del resto del equipo.

Steve soñaba en el momento en el que Apple pudiera tener una estructura directiva mucho más simple, con menos niveles de aprobación, menos gente que tuviera que firmar en cada decisión.

Solía decirme que "Apple debía de ser el tipo de lugar en donde cualquiera pudiera pasar y compartir sus ideas con el CEO". Eso resumía en gran parte su estilo gerencial. Sin embargo, sabía que no tenía todas las respuestas. No me puedo imaginar cuántas horas pasamos él y yo platicando acerca de cómo mantener a la gente trabajando como si fuera su propia compañía, su propio producto.

El arte de vincular: avanzar con los retiros
Al final del retiro de Carmel, todos los participantes salieron con dos vasos de agua con el logo de Apple grabado. Aquellos que apenas se habían unido al grupo de Macintosh, como yo, salimos de nuestro primer retiro completamente prendidos, sintiéndonos

como miembros hechos y derechos. Todos parecían tener una actitud extremadamente positiva. He estado en muchas reuniones corporativas pero nunca había visto nada que se acercara ligeramente a esta experiencia. No solamente había empujado a Macintosh hacia delante, sino que había logrado el objetivo de generar sentimientos de camaradería, respeto y de la sensación de "estar juntos en esto", apoyándonos mutuamente.

Como lo vi en el retiro, Steve era el maestro de convertir el cliché de la construcción de equipo en un arte. Tomó un ritual común de negocios y lo reinventó, justo como lo hizo con los productos que generó y con la motivación de los equipos que lideró. Él trataba las juntas de negocios como una experiencia total, como un elemento esencial de la creación del producto.

A Steve le encantaban los retiros. Los integró en el calendario de trabajo, llevándolos a cabo cada tres meses para todo el creciente equipo de Mac. Había suficiente tiempo libre y de relajación en la agenda, pero las sesiones de trabajo seguían un programa muy estricto. Se esperaba que cada miembro lo respetara. Debi Coleman, la MBA de Stanford que llevaba los presupuestos de Mac, era también la encargada de llevar la agenda de los retiros y de asegurarse que las sesiones se desarrollaran ordenadamente.

Uno a uno, cada líder de equipo, de *hardware*, *software*, *marketing*, ventas, finanzas, relaciones públicas, presentaba un breve reporte de estatus y un calendario, en el que explicaban dónde estaban de acuerdo con lo programado. Si su equipo estaba atrasado tenían que discutir los retrasos o problemas que encontraban y ofrecer algunas ideas de cómo regresar a lo programado. Todo mundo podía dar sugerencias. La idea era airear cualquier problema y hacer que todo el grupo pensara en cómo solucionarlo. Todo era sobre la Mac y no acerca del título o la posición de alguien.

El líder como el jefe de los Piratas

Steve era el maestro de ceremonias del circo y tronaba su látigo. Siempre estaba buscando algo específico de cada grupo para alcanzar la calidad que buscaba. Hizo brotar el genio creativo de tanta gente y los llevó a trabajar armónicamente. Estaba rodeado de gente que encajaba con su estilo de vida, con su filosofía y que le permitía –la mayor parte del tiempo– dirigir el desfile.

Also motivaba la discusión abierta. Había muchos debates rencorosos, pero también muchas risas. Las únicas veces que vi a Steve realmente frustrado fue cuando sentía que alguien no era directo o franco. Las discusiones se podían calentar pero, a pesar de lo que se pueda leer en otros lugares, el tono general de las juntas era siempre civilizado... aunque Steve nunca dudaba en ser agudo con alguien que sugería algo que para él no tenía fundamento. Conocía tan profundamente cada aspecto de la Macintosh que muy poco se le pasaba. Y nunca fue muy paciente con algo que considerara estúpido o falto de información.

Tal como sucedía en mis anteriores trabajos en compañías tradicionales, la mayoría de las reuniones de negocios tendían a seguir las líneas dictadas por la estructura organizacional. Si el jefe decía que la vaca era morada, la mayoría de las veces nadie iba a señalar que había visto al animal, que no era una vaca y que era naranja. Steve no aceptaba esto; si tienes una idea, la dices. No le importaba lo bajo que podía ser el nivel de quien tenía la propuesta, la crítica o la sugerencia, siempre y cuando fuera sensible e informada. Un ingeniero recuerda que "Steve a menudo iniciaba una junta o una discusión de una forma provocadora e intensa, pero evolucionaba a una conversación conforme determinaba que no eras un incompetente. Lo vi así en una junta de toda la compañía en la cual, con el estilo de un sargento entrenando reclutas, encontraba algo que machacar al inicio de la reunión para establecer el tono y luego cambiar a una postura inspiradora".

Años más tarde, quien fuera ejecutivo de Apple, Jean-Louis Gassé respaldaba el estilo gerencial de Steve con una frase memorable: "Las democracias no producen grandes productos; necesitas a un tirano competente." La gente que trabajó con Steve lo perdonaba, o al menos toleraba su estilo, en parte porque era un tirano del producto, totalmente dedicado a crear los artículos que había vislumbrado.

Hasta los piratas necesitan un capitán. Y ayudaba que el máximo jerarca, el jefe de jefes, el presidente de la compañía, no fuera el Señor Jobs, sino "Steve". Daba las órdenes, pero hacía sentir a todos que era uno de nosotros. Frecuentemente lo veíamos haciendo preguntas dolorosas y a menudo penosas. Sí, en ocasiones los ingenieros se sentían como si estuvieran en el kínder.

Lo que importaba, por lo tanto, era que no estaba sentado en la oficina mandando órdenes, sino que estaba justo aquí, en la mina de carbón, por decirlo de una manera, trabajando al lado de todos. Cada visita, cada pregunta ponía en claro su intenso nivel de interés e inmersión. A él le importaban profundamente todos los aspectos que harían de la Mac un gran producto en todos los sentidos, hasta el más mínimo detalle. Sus actos lo demostraban todos los días. Hasta cuando no estaba satisfecho, siempre era claro que estaba actuando con la convicción de que todo era importante y que el éxito está en los detalles.

Claro que uno de sus parámetros de dedicación, especialmente para los ingenieros-*hackers* del equipo de Mac, era el número de horas al día que estabas dispuesto a invertir. ¿Dieciséis horas? Bueno. ¿Todo el fin de semana? ¿Por qué no? (un ejecutivo de Disney, que era ásperamente demandante, pero exitoso en el aspecto creativo, con quien Steve trabajaría más adelante, supuestamente le dijo a la gente: "Si no vienes a trabajar el sábado, no te molestes en venir el domingo." En otras palabras, no te molestes en regresar nunca).

Si realmente creías que estabas cambiando el curso de la industria y probablemente el curso de la historia, trabajarías horas ridículas, renunciarías prácticamente a cualquier otra vida durante ese tiempo y te considerarías parte de los escogidos, de los privilegiados.

Mientras salíamos de una de sus visitas a los miembros del equipo de ingeniería, Steve me miro y dijo: "Sé que se quejan de mí, pero más adelante van a ver esto como la mejor época de sus vidas. Sólo que aún no lo saben. Pero yo sí. Esto es increíble." Yo dije: "Steve, no te engañes. ¡Lo saben y les encanta!"

Aprendiendo a reconocer una mala decisión y seguir adelante
Pero ni siquiera Steve es infalible al calificar a la gente. Una decisión casi desastrosa para la Macintosh vino por seguir un camino equivocado, en parte porque él admiraba y respetaba a la figura central de ese episodio.

La Macintosh necesitaría un disco duro. Steve se mantenía bastante al corriente acerca de los componentes de computadoras disponibles, lo nuevo y lo que estaba en boga. Pero las selecciones entre los discos duros, desde su punto de vista, eran muy reducidas. No veía nada que le gustara, nada lo suficientemente bueno como para ser parte de la Macintosh.

Entonces un día me presentó a un visitante, un alemán que obviamente a él le había agradado, un tipo de inteligencia aguda que había estado con Hewlett-Packard y que tenía sólidos antecedentes en discos duros (mis disculpas al caballero pero no recuerdo su nombre).

A Steve siempre le gustó la gente orientada al producto. Aunque era más importante que estuvieras dispuesto a involucrarte con su visión. Esto es crucial, algo de lo que él tiene que estar seguro acerca de cada participante clave. Si él confía en que es así, entonces puedes estar en desacuerdo con él, siempre y cuando estés alineado con su visión y dirección.

Más allá de su confianza por el hombre de los discos duros, Steve era víctima de lo que después llamó "un serio caso del síndrome de «Aquí no se Inventó»". Contrató al hombre para que diseñara un nuevo disco duro que entonces sería fabricado para la Mac en un lugar cercano en Silicon Valley.

Una de mis posiciones en IBM había sido gerente *senior* de su planta más grande de discos duros en San José California. Es un negocio en el que no debe de entrar nadie de fuera. Te tienes que ocupar de los substratos, los brazos mecánicos y la precisión. Son productos endemoniadamente difíciles de diseñar y construir. Por mencionar sólo un detalle, las cabezas lectoras se desplazan a una distancia del ancho de un cabello del disco que gira; las tolerancias en manufactura pueden resultar una pesadilla. Fabricar discos que funcionen correctamente es una tarea muy difícil.

Le dije a Steve: "Realmente creo que no deberíamos de entrar al negocio de los discos duros. Creo que deberíamos encontrar uno." Y la cabeza del *hardware* de Mac, Bob Belleville, lo presionaba con lo mismo. Pero Steve se había decidido. A alguien se le ocurrió el nombre "Twiggy" para el código y el esfuerzo siguió adelante, con un equipo que formaba una fuerza de trabajo de *trescientas* personas.

Tuve una conversación con Belleville. Ambos estábamos en la misma frecuencia y él pensó tener una respuesta. Sony tenía un nuevo disco duro de 3.5 pulgadas que habían desarrollado para Hewlett-Packard y que ya estaban entregando. Uno de los ingenieros de Belleville que había llegado de HP podía pedir a sus contactos que le prestaran uno de los discos duros para probarlos. Pronto, Bob tuvo un disco duro en la mano. Estaba satisfecho diciendo que podía haber sido hecho para la Mac. Mientras sus ingenieros trabajaban en una interfase, se llevaron a cabo las negociaciones con Sony; la compañía estaba encantada de desarrollar un proyecto para Apple.

El trabajo con Twiggy y con Sony se hizo en paralelo, sin decirle a Steve, por supuesto, acerca del proyecto de Sony. Bob hizo de tanto en tanto unos viajes rápidos a Japón cuando fue necesario y uno de los ingenieros de Sony fue a Cupertino en una ocasión para discutir las especificaciones técnicas. Todo iba muy bien hasta el día en que el ingeniero de Sony estuvo en la oficina de Bob. Mientras charlaban, Bob oyó una voz conocida en el pasillo, que se acercaba a su oficina. Él saltó, abrió la puerta del clóset de intendencia, haciendo gestos frenéticos para que el ingeniero entrara en él. El pobre hombre estaba desconcertado. ¿Por qué, a media junta, tenía que dejar que lo encerraran en un clóset? Pero confió en Bob. Entró. Bob le cerró la puerta, se sentó y fingió estar lleno de trabajo cuando entró Steve. El ingeniero lo esperó tranquilo en la oscuridad del clóset hasta que Steve se fue. Me da risa esa escena cada vez que me acuerdo.

Meses después fui a una revisión de producto de Twiggy en la sala de juntas del edificio de Mac. El hombre del disco duro que había traído Steve habló de los resultados de las pruebas. Fue muy honesto al respecto: los resultados eran horribles. Twiggy era obviamente un desastre.

Steve convocó a una junta con todos los líderes del equipo de Mac del lado de ingeniería y del de negocios. Cuando todos estaban echando montón para que cancelara Twiggy, se volteó conmigo y me dijo: "Jay, me gustaría que diéramos una caminata directiva y me dijeras qué hacer." "De acuerdo", le dije. "Salgamos a caminar."

Salimos a una de nuestras caminatas; ésta era una de las más delicadas. Él confiaba que sería sincero, y lo fui. "Steve", le dije, "tienes que matar el proyecto. Es una pérdida de dinero ridícula. Y yo me comprometo a colocar a toda la gente de Twiggy en otros trabajos".

Regresamos a la junta. Steve se sentó y dijo, "de acuerdo. Jay ha decidido matar el proyecto". Yo me retorcí por haberme puesto en esto, pero hice mi mejor esfuerzo para no mostrar ninguna reacción. Él siguió, "y se ha comprometido a colocar a toda la gente. Nadie perderá su trabajo".

Ése fue el final de Twiggy para Macintosh. Se cerró. Como prometí, me apoyé en mi gente de recursos humanos y encontramos nuevos trabajos en otras partes de Apple para todo el grupo de Twiggy.

La Macintosh salió al mercado con un disco duro de Sony, probablemente a la mitad de costo de lo que Twiggy hubiera valido, y sin los gastos de administración de su manufactura.

Desde el fiasco de Twiggy, Steve ha sido mucho más listo al momento de comprarle a proveedores externos, cuando las circunstancias lo justifican. Ahora, para sacar un producto al mercado más rápido, él acepta más frecuentemente componentes o *software* de externos, y luego se desarrollan en Apple para versiones posteriores.

Twiggy le dio una lección que nunca olvidaría.

Hay una posdata en la historia de Twiggy. El grupo de Apple que desarrollaba Lisa revivió Twiggy y utilizó dos lectores de *diskette* en su versión original de la computadora. Pero los problemas de diseño de los que estaban llenos los lectores al entrar en la Mac nunca se resolvieron. Los usuarios encontraron los lectores lentos y, peor aún, no confiables. Los problemas crecieron tanto que Apple finalmente ofreció a los más o menos 6 000 compradores iniciales una actualización gratis con una Lisa remodelada, la cual remplazaba los dos Twiggys con un disco Sony de menos capacidad, pero de mayor confiabilidad.

A Steve le había parecido difícil tomar la decisión de cancelar Twiggy. Pero fue justificado: había tomado la opción correcta.

El gerente total

El interés de Steve por los detalles se daba no solamente en temas técnicos o de diseño, sino también en los asuntos de dólares y centavos, lo cual era una fuente de frustración para él. Debi Coleman, la CFO del grupo de Mac, continuamente rehacía sus proyecciones de ventas. Pero, al mismo tiempo, Finanzas de Apple hacía sus propias proyecciones y los números nunca cuadraban. Ellos intercambiaban información de ida y vuelta, supuestamente partiendo siempre de las mismas premisas, pero siempre llegando a diferentes respuestas. Debi, muy empresarial, estaba comprometida a asegurar que las proyecciones fueran sólidas. Pero cada vez que ella y Steve se sentaban con el CFO corporativo, Joe Graziano, era la misma historia una y otra vez; aparentemente porque había una variedad de maneras de contabilizar diferentes conceptos. (No es que importara, pero Joe era un CFO que manejaba un Ferrari rojo. ¡Siempre pensé que enviaba el mensaje equivocado!)

Steve nunca dejó de asombrarme en esas sesiones. Siempre parecía manejar mejor las proyecciones que los CFOs. Y su demanda de perfección en los datos era tan fuerte como su demanda por la perfección de los productos. Insistía que cada aspecto tenía que ser tan bueno como éstos.

El espacio dispone el escenario para la gente
Para Steve Jobs, un equipo es más que la suma de su gente. También está afectado por el ambiente de trabajo, el cual, en sí mismo, puede tener una fuerte influencia en qué tan bien funciona el grupo. No es solamente un juego de cubículos o estaciones de trabajo; el espacio físico es parte de la creación del aura, la atmósfera de ser especial.

En 1981, el grupo de Mac se mudó a un edificio en Bandley Drive que había sido usado previamente por parte del grupo de Apple II. El espacio central del nuevo edificio era el gran atrio. Steve puso su oficina cerca de la entrada principal, con todo mundo distribuido en cubículos y laboratorios formados en arcos a su alrededor, estando Steve en el punto focal como un director de orquesta con sus músicos frente a él. El atrio tenía un piano, videojuegos y un refrigerador enorme lleno de botellas de jugo. Rápidamente se convirtió en el lugar en el que los empleados se reunían y pasaban el tiempo. En el atrio se exhibía la vieja motocicleta BMW original de Steve, en perfectas condiciones, como símbolo de gran diseño y funcionalidad, pero también, desde mi punto de vista, de que este equipo en particular tenía un líder muy diferente. Posteriormente, Pixar y Google recibirían una gran cobertura de prensa al crear ambientes similares para sus empleados; Steve estaba, como en muchas otras cosas, a la cabeza.

Por otro lado, aunque esto no suene como algo que esperarías de un budista, antes de que su equipo se mudara, Steve me dijo que quería llevar a un exorcista para deshacerse de los demonios en la estructura. Hablaba totalmente en serio de esto. Era como si pensara que el grupo de Apple II hubiera sido contaminado y que había que alejar las malas vibras.

Yo pensé que si alguien se enteraba, nos pondría en ridículo, una espina más del lado del resto de Apple. Afortunadamente estaba abierto a razonar y abandonó la idea. Yo diría que probablemente solamente lo sugirió como una forma de bromear conmigo, porque cuando se trataba de negocios, en particular lo que tenía que ver con la Macintosh, Steve rara vez mostraba sentido del humor.

Cultura corporativa, la vieja escuela

Viendo hacia atrás, no creo que los jóvenes del equipo se dieran cuenta de qué tan poco convencional era la cultura que Steve había creado para el grupo de Mac. Para mí era una delicia y una especie de pequeño milagro, dado que siempre percibía lo diferente que era la actitud de los "Piratas" del resto de las compañías en las que había trabajado.

Cuando estaba en IBM, aun con toda la gente increíblemente inteligente en la empresa –como lo dije, estuve rodeado de mentes brillantes durante años– la mayoría de nosotros estábamos tan alejados del producto que tendíamos a perder de vista lo que estábamos exactamente trabajando. IBM era la cuarta o la quinta corporación más grande del mundo y tenía 400 000 empleados. La mayoría de ellos, supongo, estaban cómodos con la cultura de IBM; yo nunca sentí que encajaba totalmente, aun después de haber pasado por su programa de entrenamiento ejecutivo.

Nunca me atraparon las preocupaciones típicas de los ejecutivos de negocios.

En unas vacaciones largas, me dejé crecer la barba y no me rasuré al regresar. Mis superiores no sabían qué hacer conmigo —con el uniforme estándar de IBM, camisa blanca y corbata, la nueva barba era una cachetada. Mis colegas de IBM solían decir: "Tenemos patos salvajes... pero vuelan formados."

Eventualmente, me sentí muy frustrado sobre la falta de interés en las áreas de nuevos productos. Sentado en la sala de juntas en una reunión de alto nivel, el Presidente del Consejo, Frank Carey, escuchó una sugerencia que hice y me dijo: "IBM es como un súper tanque, muy grande y difícil de manejar. Cuando estás andando, no puedes cambiar fácilmente. Toma veintiún millas dar la vuelta y dieciséis millas detenerse." Cuando oí eso sentí que yo no pertenecía a ese lugar.

En Apple nunca me sentí como un tipo político. Nunca me interesó la parte de negocios de la ecuación y podía hacer planes sólidos y transformarlos en trabajo dentro de una compañía que laboraba sin contratiempos, pero también reconociendo inmediatamente el significado de la nueva dirección en la computación hacia la que se dirigía el equipo. El fenómeno de la atención y la pasión de Steve por cada elemento del producto era algo que nunca había visto antes. Y me comprometí con ello incondicionalmente.

Si te haces muy rico, ¿dirigirías de la misma forma?
Estoy dispuesto a apostar que la gente que gana un premio mayor en la lotería inmediatamente le dice a su jefe que renuncia, y nunca vuelve a trabajar. ¿Qué harías si de repente te haces muy rico?

Dos semanas antes de la navidad de 1980, Steve recibió un gran regalo al igual que algunas otras personas de la compañía. Cuando las acciones de Apple Computer fueron ofrecidas en la bolsa, el público clamó comprar con el mismo fervor que años después despertaron el iPod y el iPhone. La primera hora vio la venta de 4.6 millones de acciones; para el final del primer día se hablaba de la oferta pública de acciones más exitosa de la historia y de la oferta pública inicial con mayores suscripciones desde que Ford Motor Company se hizo pública casi treinta años antes.

En un solo día, Steve se había vuelto uno de los hombres más ricos del mundo. Le gustaba decirle a la gente: "Yo valía un millón de dólares cuando tenía veintitrés años, 10 millones cuando tenía veinticuatro y cerca de 200 millones cuando tenía veinticinco."

El año anterior, Xerox había invertido en Apple (ésa era una de las condiciones del trato para que Steve y los ingenieros pudieran hacer esas visitas al PARC de Xerox que cambiarían la industria). Espero que la gente de Xerox responsable de hacer las decisiones de inversión haya sido recompensada adecuadamente: las acciones de Xerox con valor de un millón de dólares, de pronto, valieron alrededor de 30 millones de dólares.

Lo impactante es que la repentina riqueza de Steve no lo cambió de forma significativa. El ahora mega millonario cofundador y presidente del consejo de una compañía de las 500 de *Fortune*, aún llega a trabajar en su tradicional camiseta, sus Levis y sus zapatos Birkenstock. Está bien, se pone un traje de vez en cuando para una junta con un banquero o con alguien a quien quiera impresionar. Pero difícilmente habla de dinero o de sus posesiones. Ya tenía una casa, un Mercedes Coupé y una motocicleta BMW con pompones naranja en el manubrio que había comprado cuando la compañía recibió el capital de inversión un año anterior. Desde su perspectiva, ya tenía las cosas que le interesaban.

Cuando viajaba, lo hacía en primera clase. Pero era algo estándar dentro de las políticas de Apple: en esos días, todos los empleados viajaban en primera clase, no solamente los ejecutivos y los gerentes, sino los ingenieros y los "asociados de área" (que es cómo Apple llamaba a las secretarias). La compañía tenía tal cantidad de dinero que no había plan de gastos médicos; cuando tenías un gasto médico, así fuera una visita al doctor o una operación seria, simplemente ingresabas las facturas y Apple cubría los costos.

Para Steve, el trabajo no significaba juntar el suficiente dinero para retirarte. No significaba hacer dinero, punto. Se trataba de liderar a su equipo Pirata para que creara un gran producto. A lo largo de los años, él se haría cada vez más rico, sin que nunca perdiera la dedicación por crear productos sorprendentes.

Acerca de ser un Pirata

Al ver hacia atrás admito que me siento honrado de que Steve estuviera tan decidido de que me uniera a Apple y aún más al grupo de Macintosh. Yo siempre fui un Pirata, pero lo supe hasta que a Steve se le ocurrió el término. Me habían calificado de "pato salvaje" en IBM porque mis opiniones parecían en ocasiones excéntricas acerca del negocio, los productos y el liderazgo. Yo también odiaba la política, la burocracia y siempre dirigí a mi equipo de Apple para evitar el pensamiento burocrático en todo lo que hacían. Al mismo tiempo, yo estaba motivado por ese tipo de pasión increíble que marcaba al resto del equipo de Macintosh.

No me tomó mucho tiempo darme cuenta de que Steve estaba siguiendo el principio de buscar el mejor talento y reclutarlo, si le era posible. Que hubiera visto que yo cumplía el estándar en una época en la que estaba disponible, fue una de las mejores cosas que me han sucedido.

Mi experiencia en Apple me convenció de que no importa en qué negocio esté después, siempre intentaré dar a toda la gente que trabaje conmigo algo similar a la experiencia de ser un Pirata. Los Piratas aceptan que su líder les demande estándares altos. Aceptan una demanda de perfección y luchan por alcanzarla.

4

Aprovechar
el talento

Si estuvieras empezando una nueva escuela, buscarías contratar a los mejores maestros que pudieras encontrar. Si empezaras un sitio de internet dirigido a gente que compite en espectáculos de caballos, esperarías formar tu equipo con los mejores jinetes que hayan ganado medallas y que tengan trofeos por ser los mejores. Y así sucesivamente.

Es fácil decirlo, pero obviamente no es sencillo de hacer. Ésa es una de las claves del éxito de Steve Jobs. Cada vez que se ha enfrentado con el reto, ha logrado llegar con gente extraordinaria. Unos cuantos ejemplos revelarán los principios que lo han hecho tan exitoso en esto.

La lista de principios comienza obviamente con la evaluación de los logros anteriores de la persona, buscando evidencias que demuestren el talento en un área o habilidad que la compañía o un proyecto particular necesita. Eso es un hecho. Todo mundo que haya escrito un currículo, leído un currículo o contratado al menos a un empleado entiende esto. En Apple, en esa época, el currículo no era tan importante como lo esperarías.

Buscando a gente que le emocionara el proyecto
Para mí, una de las historias de contratación más graciosas de la carrera de Steve, que realmente aporta elementos valiosos sobre este punto de vista, es acerca de una de sus primeras contrataciones en el equipo de Mac. Un día, el ingeniero de software Andy Hertzfeld recibió una llamada de Scotty –Mike Scott, el presidente de Apple– para ir a verlo. Eso asustó a Andy: apenas unos días antes, Scotty había decidido que la compañía no estaba alcanzando sus objetivos y que necesitaba cortar gastos, por lo que acababa de despedir a la mitad de los ingenieros de Apple; el hecho fue conocido en la mitología de Apple como el "Miércoles Negro".

Los ingenieros restantes, incluyendo a Andy, estaban al mismo tiempo infelices y preocupados por sus trabajos. Pero cuando Andy llegó a la cita, Scotty puso en claro que no quería que Andy se fuera y le preguntó qué necesitaba para convencerlo de que se quedara. Andy dijo que le gustaría ser parte del equipo de Mac. Dos de sus mejores amigos, Burrell Smith y Brian Howard, se habían unido recientemente a la unidad de Mac. A Andy le dijeron que primero tenía que conocer a Steve.

Steve no perdió tiempo. Tal como me lo describió Andy después, Steve comenzó con: "¿Eres bueno? Solamente queremos gente buena trabajando en la Mac y no estoy seguro de que seas lo suficientemente bueno... He oído que eres creativo. ¿Eres realmente creativo?" En lugar de ofenderse, Andy detuvo a su interrogador en ese punto y le aclaró que él había estado en gran parte detrás del proyecto de Mac. Steve le dijo a Andy que él lo buscaría.

Apenas unas horas después, Steve se apareció en la estación de trabajo de Andy y lo felicitó. Era oficialmente parte del equipo de Mac, efectivo de inmediato. Andy le dijo que le tomaría un par de días terminar lo que estaba trabajando.

Steve no iba a esperar. Literalmente desconectó la computadora de Andy, tomó la máquina, la sacó del edificio y la echó en la parte de atrás de su Mercedes plateado, con un Andy desconcertado siguiendo sus pasos. Mientras Steve llevaba a Andy a las oficinas de Mac, las "Torres Texaco", en la esquina de Stevens Creek y el Saratoga-Sunnyvale Road, le aclaró que Macintosh iba a ser lo mejor que le pasaría a la industria de la computación.

Andy había impresionado a Steve por ser tan directo y por su fascinación por el producto. Las recomendaciones de Burrel y de Brian del equipo de ingenieros de Mac, las cuales había cuestionado Steve antes de contratarlo, fueron igualmente cruciales.

Steve no dudaba ni perdía el tiempo una vez que se había decidido acerca de alguien. Y tenía razón. Andy se convirtió en un miembro del equipo de desarrollo de Mac tan importante como cualquier otro.

Aunque es visceral cuando contrata, también es muy meticuloso. Antes de una entrevista con el abogado Nancy Heinen, quien después se convertiría en la consejera general de la compañía, Steve pidió ver algunos contratos que ella hubiera escrito para evaluar la "estética" de su trabajo.

En ocasiones, después de una entrevista de Steve, yo hablaba con el candidato. La mayoría de la gente con la que hablaba ni siquiera había llegado a sentir el tiempo que había pasado con Steve en la entrevista; en sus ojos, era más como una conferencia de la universidad o un *videocassette* de ventas acerca de los productos de Apple, seguido de un examen final acerca de cómo contribuirías a la Mac y a su equipo.

Solamente IQs altos, por favor

Más allá de contratar por las capacidades, Steve se asegura de que sus contrataciones sean verdaderos entusiastas de Apple, capaces de prosperar en el intenso ambiente de una compañía que va arrancando. Se ha vuelto más sencillo encontrar el talento adecuado debido a que hay tantos candidatos que suben su información a la web. Por supuesto que nosotros no gozábamos de ese lujo en los primeros días de Mac.

Por otro lado, desde que lo conocí, Steve solamente estaba dispuesto a tener a su alrededor a gente que, a su juicio, tenía "un IQ de tres dígitos" y que no fuera "incompetente", de acuerdo con su terminología. Se sentía intensamente incómodo con gente que no se medía. Desafortunadamente podía ser absolutamente falto de tacto al respecto. Si te consideraba brillante, capaz y participativo, podías decirle lo que pensabas o que había una mejor manera que la que él te proponía, y te escuchaba. Pero si decidía que eras un incompetente, mejor debías hacerte de oídos sordos y salir rápidamente.

Él tenía únicamente esas dos categorías: si no eras brillante, entonces eras esa otra cosa, un incompetente. A pesar de que Steve te considerara brillante, si realizabas algo que no cumpliera con sus estándares, inmediatamente te consideraba incompetente, aun enfrente de otras personas. Por supuesto que, al día siguiente, o incluso en la misma tarde, se le olvidaba y las cosas seguían en equilibrio nuevamente. Siempre dolía, pero la gente aprendía a tomarlo bien.

Para este momento, Steve ha contratado probablemente varios miles de personas a lo largo de su carrera. Pero reclutar siempre es difícil. Las entrevistas son muy cortas para que te den la suficiente información que realmente necesitas de los candidatos. Para Steve, a menudo las respuestas a las preguntas de la entrevista son menos importantes que la *forma* como la persona las responde. Sobre todo, él necesita estar convencido de que el candidato se ha vuelto loco por Apple.

Steve no era la única persona que contrataba gente. Tuvimos que plantearnos cómo extenderíamos las ideas sólidas de reclutamiento y trabajo en equipo, desde un exitoso grupo de trabajo hacia toda la organización. Trabajamos muy duro en identificar y poner en papel los "Valores de Apple", así llamamos al documento que enumeraba la cultura corporativa de la compañía. Cuando lo terminamos, lo envíe a todas las instalaciones y las oficinas que había alrededor del mundo. Pasé mucho tiempo viajando, especialmente en Europa, asegurándome de que los estándares de contratación internacionales eran tan rigurosos como lo eran en Estados Unidos. Yo visité personalmente todas las instalaciones para asegurarme de que se aplicaba el mismo estilo y los mismos valores en todo el mundo. También me aseguré de que todos nuestros reclutadores estuvieran alineados con los estándares fijados en Cupertino.

Una forma distinta de contratar

Como estaba tratando de inventar un nuevo modelo de uso para las computadoras personales, Steve buscaba constantemente gente adicional con habilidades especializadas. Sabía que necesitaba al mejor especialista en tecnología y me encargué de encontrarlo. Pregunté en varios lados; un *headhunter* me envió el currículo de Bob Belleville, quien era la cabeza de tecnología de las impresoras de oficina en PARC. El hombre era increíblemente inteligente en lo que se refería a sistemas computacionales. Aunque tenía treinta y algo, se veía como de trece años. Cuando lo envíe a que se entrevistara con el jefe, Steve le dijo: "He oído que eres buenísimo, pero todo lo que has hecho hasta ahora es pura basura. Ven a trabajar conmigo." A pesar de ese desaliento, lo hizo.

Los *hackers* del equipo original de Mac eran unos genios, pero no veían el panorama global; Belleville lo hacía. Frecuentemente se encontraba confrontando situaciones muy difíciles con los *hackers* en un lado y con Steve del otro. Tenía un estilo muy tranquilo para convencer a la gente a fin de que hiciera las cosas a su manera. Para convencer a Steve de alguna cosa, él no solamente trataba de explicar la situación con palabras. En lugar de eso, utilizaba su látigo tecnológico para ejemplificar mágicamente sus ideas con una demostración electrónica.

Bob era muy efectivo haciendo que la gente cumpliera sus objetivos gracias a sus formas tranquilas de persuasión. Era brillante, pero nunca utilizaba su inteligencia para imponerse. Su objetivo siempre era encontrar la manera de que sucedieran las cosas correctas. Y normalmente tenía éxito.

Pasé mucho tiempo con Bob; a menudo me buscaba para pedirme consejo sobre cómo convencer a Steve de algo. Cuando llegó, jugó un papel clave como intermediario entre Steve y los *hackers*, paralelo a mi papel como mediador entre el equipo de Mac y todos los demás.

En mi opinión, la contratación de Bob fue un ejemplo de la importancia de ir más allá del perfil tradicional y descubrir los talentos que subyacen en la persona, intentando entender lo que pueden aportar a la organización.

Usa tu producto como un llamado para el talento

El amor fieramente protector que tiene Steve por los productos de Apple hace que estos atraigan fuertemente a la gente más talentosa y creativa del mundo. La capacidad de Steve de crear íconos de la tecnología personal complementa su habilidad para convocar talentos que lleven a cabo su visión.

Eso no solamente era cierto en lo concerniente a los ingenieros. Para decir lo que ahora es obvio aunque no lo era en ese momento, el talento de diseño era tan importante para Steve como el talento de ingeniería. Andy Hertzfeld, miembro del equipo, había ido a la preparatoria en Pensilvania con una joven llamada Susan Kare, quien desde entonces se convirtió en diseñadora gráfica y Artista con A mayúscula. Cuando el grupo de Mac reconoció la necesidad de un creativo para imaginar los íconos para los display de la Mac, Andy puso su nombre sobre la mesa. Al entrevistarla, Steve decidió que la aptitud, la pasión y los dones de Susan eran más importantes que el hecho de que no tuviera experiencia en tecnología. La aceptó como parte del equipo de Mac.

Casi después de veinte años, Susan recordaba que Steve "rebatía y criticaba... para ver si habías explorado todas las opciones" y que "cuando está contento y satisfecho con una idea, puede hacerte sentir muy bien".

Un fin de semana, Steve estaba cenando en un restaurante de San Francisco llamado Ciao. Estaba cautivado por los gráficos al estilo Picasso del menú. El lunes en la mañana llegó al trabajo ansioso por compartir su entusiasmo. Buscó a Susan Kare. Inspirada por sus sugerencias y más por su entusiasmo, ella captó la esencia y simplicidad en todo, desde los íconos que se pudieran entender fácilmente (piensen en el ícono del bote de basura), hasta la tipografía o la apariencia y el color del estuche. El futuro del aspecto de la pantalla de la Macintosh surgió la noche en que Steve fue por accidente a cenar al Ciao. Y entonces, fue como si Susan hubiera abierto una cornucopia de plenitud y le hubiera mostrado a él el contenido. Con la ayuda de Susan, Steve experimentó la alegría de crear un producto que pudiera deleitar la vista y ganar la admiración mundial por su diseño. Esto era su alucine, su LSD.

Si la particular manera de abordar el diseño de Apple nació la noche en que Steve cenó en el Ciao, fue Susan quien la hizo tangible. La alegría de crear un producto que atrape la vista y que gane la admiración mundial por su diseño es una de las cosas por las que él vive. Nunca más le van a satisfacer diseños cuadrados como los de la Apple IIc o IIe, aunque se vean mucho mejor que la PC de IBM. Y sigue y seguirá en la búsqueda de otras Susan, gente cuyo talento y arte empape todo lo que haga. Cada equipo necesita la chispa de al menos unos cuantos creativos que "piensen diferente", lo suficiente como para poner el ejemplo en todos los demás.

El talento llama al talento

Una de las mejores cosas acerca de encontrar gente buena es que se convierten en tus mejores reclutadores. Probablemente sean los que mejor conozcan a otros que tienen los mismos valores y sentido del estilo que ellos y tú tienen. Un buen Pirata generalmente tiene un amigo o familiar que es igual de bueno. Steve solía decirme que "los mejores ingenieros son grandes multiplicadores".

Steve y yo arrancamos un par de programas para asegurarnos de que teníamos al mejor talento trabajando en la Mac. Ofrecíamos a los empleados un bono de 500 dólares, si recomendaban a alguien para su contratación. También empleábamos el sistema de "amigos" que ponía a cada nuevo elemento bajo la tutela de alguien más en la organización. Asimismo, mandábamos a los mejores empleados contratados en los últimos dos años a las escuelas de donde se habían graduado, para hacer reclutamiento.

Contratando a los jugadores "A"

Cuando hablaba con un candidato para un trabajo, Steve abordaba asuntos desde ángulos poco comunes, preguntándose: "¿Encaja esta persona?" Está tan envuelto en el producto que tiene una visión de quién será capaz de integrarse completamente en el equipo de desarrollo. Él sólo quiere contratar a gente que sea capaz de enfrentar su escrutinio y que no se sienta amenazado por la crítica puntual dirigida no solamente a mejorar el producto sino a hacerlo el mejor.

Está libre de opiniones predeterminadas, prejuicios y procesos. Entrevista a sus candidatos con una agenda preestablecida. A veces pienso que esto viene en parte de lo que otros, de acuerdo a sus antecedentes budistas, llaman la "mente del principiante", que es la capacidad de ver las cosas comunes con una mirada fresca. Igualmente, durante la era de Mac, estaba joven y por lo tanto, era menos proclive a tener una perspectiva que lo fijara o atara a algo. De alguna forma ha sido capaz de mantener esto.

Uno de los principios básicos de Steve es siempre contratar al mejor, "Gente A", como los llama. Uno de sus lemas es "Tan pronto como contrates a un B, empezarán a traer Bs y Cs". Una persona A puede ser casi cualquier persona con verdadero talento. Steve contrató a Randy Wiggington, quien escribió el código para MacWord, la primera aplicación real de Mac, cuando todavía estaba en la preparatoria. Eso no importaba porque Randy era más que capaz de hacer el trabajo.

• • •

Poca gente ha sido más importante para el éxito de Apple que un británico llamado Jonathan Ive, aunque la historia de su búsqueda no cuadre exactamente con el patrón de las otras pesquisas de talento que se relatan en estas páginas.

Cuando era estudiante en Inglaterra, Jonathan ganó el premio de diseño estudiantil de la Royal Society of Arts. *Dos veces.* Con el primero llegó a un pequeño entrenamiento en Estados Unidos. Encontró tiempo para tomar un vuelo a California y se entrevistó con las jóvenes firmas de diseño que estaban de moda en Silicon Valley. Después de su graduación, Ive entró a una firma en la cual pasó meses trabajando en el diseño de un lavamanos (los detalles se han transformado en el camino: algunos lo describen a menudo como un excusado). Es típico en él producir una gran cantidad de versiones antes de quedarse con un diseño que lo satisfaga.

En la misma época, un diseñador que había conocido en su viaje anterior a Silicon Valley, Robert Brunner, se había convertido en jefe de diseño en Apple. Había tratado de contratar dos veces antes a Jony; esta vez, Jony estaba deprimido por trabajar con gente que no encontraba placer con sus diseños innovadores. Aceptó la oferta de Brunner.

Ésto fue en los años de pausa. Cuando Steve Jobs regresó y comenzó a cortar proyectos, productos y personas, la cabeza de Jony estaba en la línea. A pesar de haber diseñado el Newton, se había convertido en jefe de diseño en Apple el año anterior. Y Steve odiaba el aspecto de la mayoría de los productos de Apple. Él se embarcó en la búsqueda de una nueva cabeza de diseño.

Afortunadamente, antes de encontrar lo que estaba buscando, comenzó a reconocer que tenía a un diseñador de clase mundial en la nómina. En lugar de reemplazar a Jonathan, Steve lo adoptó, lo ratificó como jefe de la nueva era de Apple y le dio el aliento, los recursos y el apoyo que han sido, a la fecha, un factor crucial en el éxito de Apple y sus productos.

Hoy, Jony trabaja en su laboratorio de diseño a puerta cerrada en el campus de Apple, un área de resplandeciente aluminio y herramientas de diseño de vanguardia, apoyado por un pequeño equipo de una docena de afortunados —o mejor, de particularmente talentosos— diseñadores de media docena de países. Preside la creación de un producto tras otro, alcanzando un brillo deslumbrante y aspecto espectacular para apoyar la funcionalidad. Jonathan Ive y su equipo siguen fijando el estándar que ninguna otra compañía ha podido igualar. El punto notable de la historia es que Steve estuvo a punto de reemplazarlo, pero reconoció el verdadero talento de Ive a tiempo.

Viendo lo que se ha logrado desde entonces, es obvio que la gente que encontró Steve no eran maravillas de una sola ocasión. Sus contrataciones han fundado otras firmas grandes de tecnología. Jean Louis Gassée comenzó Be, Mike Boisch fundó Radius, Guy Kawasaki arrancó Garage.com... y éstos son sólo algunos.

Donna Dubinsky era estudiante en la Escuela de Negocios de Harvard cuando en una clase vio una demostración de una Apple II corriendo VisiCalc. Había trabajado en la banca y sabía lo arduo que podía ser preparar hojas de cálculo a mano: "¿Qué pasaba si el interés era 10 por ciento en lugar de 9.5?" Obtener la respuesta a una pregunta tan simple como ésta podría requerir volver a calcular cada número de la página. Entonces ella comprendió el potencial: "Todos los banqueros querrán esto."

Ella también había trabajado en el lado financiero del negocio de la televisión por cable: "Me mostró el valor de estar en un área de crecimiento." Si ponemos esos dos elementos juntos, decía, "sabía que eso era, Apple era la compañía en donde quería trabajar". Un pequeño problema. Apple nunca había contratado a nadie de la Escuela de Negocios de Harvard. Solicitó una entrevista, pero: "Fui rechazada. Solamente querían gente técnica."

El día de las entrevistas, una Donna decidida estuvo todo el día sentada afuera del salón de entrevistas. "Cada vez que la señorita salía", dice, "trataba de hablar con ella". Como bien lo sabe Steve, lo que es imposible puede hacerse posible si estás lo suficientemente decidido. "Finalmente, casi al terminar el día, me tuvo lástima y me dejó entrar a hablar con ella." A pesar del edicto de "solamente gente técnica", la perseverancia de Donna ganó.

El entusiasmo de Donna por Apple y sus productos se debe de haber notado. Ella viajó para más entrevistas y le ofrecieron un puesto en el lado de negocios, en Apoyo a Distribución, para comenzar tan pronto como terminara su MBA.

Se sorprendió al reportarse a trabajar en Cupertino. Ella estaba acostumbrada al estilo formal del mundo de los bancos. A la gente que está en un nivel jerárquico superior se le refiere como "Señor" o "Señorita". Están prohibidas las pilas de archivos en tu escritorio. Además, "te pones el saco hasta para ir al baño en caso de que te topes con un cliente." En Apple, por supuesto, descubrió que la etiqueta de trabajo consistía principalmente en pantalones cortos, camisetas y sandalias.

En esos días la compañía se expandía tan rápido que las cosas tendían a ser caóticas. "Cuando llegué", decía, "20 ó 30 por ciento de la gente era nueva y la persona que me contrató ya tenía una posición diferente."

Pero la experiencia de Donna no era totalmente convencional. En la preparatoria había estado en la banda de música. Se había dado cuenta que había más de una manera de manejar un negocio. Este era un mundo de creatividad. Le pareció "revelador". "Pronto estuve trabajando de sol a sol", explicaba, "desarrollando sistemas de información y haciendo que el producto fluyera".

El contacto de Donna con Steve era principalmente en las juntas de presupuesto. Ella recuerda vívidamente un par de sus decisiones que desde su perspectiva de negocios no tenían sentido. Ella se acuerda de que en un momento "estábamos cambiando de impresoras de 300 dpi a 1200 o algo así; algún cambio generacional. ¿Qué haces con el inventario obsoleto? Bajas el precio y lo rematas. Puedes ganar algo de dinero de los clientes que buscan una rebaja". En lugar de eso Steve dijo: "Saquémoslas de la lista. La gente tiene que comprar las nuevas."

Donna había descubierto un punto importante de Steve. Su decisión violaba los principios básicos de negocios aprendidos en Harvard, pero mostraba que a él le importaba lo que era mejor para los clientes: "Esas impresoras son obsoletas y no es lo que la gente debería comprar; deshagámonos de ellas."

A través de los años, Apple ha demostrado ser un espacio de entrenamiento poderoso. Donna se convertiría en CEO de Palm y cofundadora de Handspring. *Fortune* la nominó en su "Salón de la Fama de Innovadores".

Ella atribuye su éxito en parte a "la gran cantidad de cosas" que aprendió de trabajar con Steve Jobs. "Tienes que tener muy buena gente. Tienes que construir muy buenos productos. Necesitas crear un espíritu espontáneo y de celebración del éxito."

Pero tal vez la lección más importante que aprendió fue "la gran diferencia que puede hacer una persona".

Cortejando al talento

La impresionante capacidad de Steve para reconocer y contratar a la mejor y más talentosa gente ha dado lugar a otras historias memorables. En los días iniciales de NeXT, Steve intentó reclutar a un ingeniero de video, Steve Mayer, quien había trabajado con él cuando estuvo en Atari, antes de que comenzara Apple con Woz. Mayer accedió a ir y hablar con Steve. Pensó que se veía "devastado" al no estar más en Apple, pero, al mismo tiempo, estaba "absolutamente seguro de que iba a hacer algo nuevo e importante".

Steve cortejaba en lugar de entrevistar a Mayer, una habilidad para la cual es igualmente adepto. Llevó la conversación a través de lo que Mayer llama "el proceso de «Imagina»", con Steve desempeñando un guión dramático y altamente visual.

Imagínate leyendo una revista que tiene un anuncio muy llamativo de una nueva computadora.

Imagina que llamas a la compañía para saber más sobre este nuevo equipo. Te da curiosidad y la empresa no solamente te contesta las preguntas sino que te invita a visitarla.

Imagínate que entras en la calle de la compañía y te acercas al edificio para que te salude la recepcionista.

Te guían por el edificio, pasas los laboratorios y la sala de demostraciones donde el producto está cubierto.

Revelan el producto y se ve sorprendente.

Este cuento de las *Mil y Una Noches* de alta tecnología se convertía en un diálogo acerca de las características y usos más importantes de la máquina.

Pero de hecho, el producto no fue revelado a Mayer, porque no existía todavía y en todo caso, Steve no iba a mostrarle los planes o los modelos de lo que sería a nadie que no estuviera en la nómina bajo un acuerdo de confidencialidad.

Para Mayer, esto mostró un maravilloso teatro: "Te llevaba al mundo del producto. Te hacía compartir la visión de cómo se usaría el producto." Era típico: Steve siempre comenzaba visualizando el producto final en lugar de trabajar en los detalles de ingeniería, que es como muchos productos de alta tecnología comienzan a existir.

Steve utilizó una forma distinta con el gerente *senior* de Apple, Burt Cummings, quien dijo que no cuando lo contactaron por primera vez, debido a que estaba en el proceso de ser promovido a un puesto de dirección, lo que en Apple era un nivel abajo de vice presidente. Burt había desarrollado el programa de educación superior en Apple. Le dijeron que Steve quería que hiciera lo mismo en NeXT. Burt decía: "Cuando dije que no, el reclutador me preguntó si hablaría con Steve antes de tomar mi decisión final. Le dije que claro." Cuando fue a la siguiente junta:

Steve y yo charlamos durante un rato y luego me dijo que claro que nadie podía ver el producto hasta que firmaran, pero que él me podía mostrar una parte.

Caí. Entonces dijo que la unidad central iba estar separada del teclado y el monitor y que un cable iba a conectar todo. Ese cable, con trabajos explicó, contenía conexiones para el teclado, el *mouse*, el video, el audio y la energía para el monitor. Por lo que había cinco cables combinados en uno.

Entonces trajo el cable y era perfecto. Lo tenía en una U invertida y movía sus manos hacia arriba y hacia abajo como si estuviera ordeñando una vaca, señalando que no se torcía.

Entonces me dijo que podía tocarlo mientras él lo "ordeñaba".

Lo hice.

Burt dijo que tan pronto como lo tocó, "estaba adentro". Y añadió: "Eso dice mucho de lo estúpido que era", con lo que quiso decir que Steve lo había acorralado, que le había dicho que tomara el trabajo con un poco de encanto e hipnotismo (pero yo siempre insistiría a la gente como Burt que ellos no habían sido acorralados; más bien que "habían aprendido la lección del maestro del producto. Fue el producto el que te atrapó, no Steve").

Escogiendo a gente que son tanto Piratas como jugadores de equipo
En 1990, en una etapa ligeramente posterior de su carrera, cuando Steve estaba buscando ingenieros de estaciones de producción, se atravesó con un joven que tenía un historial impresionante. Jon Rubinstein, conocido como Ruby, después de graduarse de ingeniero en electrónica en la Universidad de Cornell, había entrado al mercado laboral con Hewlett-Packard realizando estaciones de producción. Cuando Steve oyó de él y lo rastreó, Ruby estaba a cargo del desarrollo del procesador de una súper computadora de

gráficos. Manejar un equipo en un proyecto complejo sugiere que el líder puede tomar la responsabilidad y llevar a cabo las cosas. Cuando Steve identifica a alguien que piensa que se puede volver un jugador importante, no deja el reclutamiento en manos de alguien de Recursos Humanos o en una firma externa dedicada a eso. Él toma el teléfono. Ruby dijo que sí.

Uno de los profesores de Ruby en Cornell, Fred Schneider, no sólo le dió lecciones sino que aprendió de él una importante lección. Ese aprendizaje le ofreció un indicio importante de por qué Apple es capaz de diseñar productos mejor que nadie. Lo que Ruby le enseñó, dice el profesor, es que diseñar un sistema electrónico complejo no es diferente a diseñar una aspiradora. "Tiene que ser así de fácil de usar. Tiene que ser así de fácil, desde que abres la caja." Schneider comenta que "él y la gente de Apple tienen un modelo muy diferente de hacer negocios al del resto de las compañías de computadoras". Ruby iba a jugar un papel clave en el desarrollo del iPod y de los productos subsecuentes, como veremos más adelante.

Creando una atmósfera que atraiga talento

¿Qué es lo que tiene Apple que atrae a tanta gente talentosa? La presión es intensa y las demandas de Steve son constantemente febriles. Pero es un visionario genuino, un ejemplo real de ese término que se ha usado demasiado. Si alguien, en el mundo de la tecnología, se ha establecido como un innovador, es Steve.

Su implacable énfasis en ser los mejores hace que Apple sea tan atractiva a la mejor gente. Las personas saben que van a trabajar en proyectos innovadores y que van a hacer cosas más interesantes en Apple que en cualquier otro lugar. La gente que Steve y Apple contrataban se imbuía de la actitud de Steve; no había que tragarse lo que se hacía en otros lados. El sentimiento de superioridad hubiera sido totalmente insufrible, si el equipo de Apple no hubiera sido capaz de crear muchos de los mejores productos para el consumidor jamás antes visto.

Una vez que Steve encuentra a gente buena, hace todo lo que puede para mantenerla. El negocio de la tecnología es tan competitivo como es posible y se ha criticado a Steve porque aparentemente cree que todo se vale en la guerra y en el amor. Lo han acusado de robar talento clave, como el director del iPod, Jeff Robbin, de otras compañías. Pero él no quiere que le hagan lo mismo. De hecho, durante algún tiempo durante los primeros días del iPod, se rehusó a que los periodistas publicaran el nombre completo de Robbin. Esa información estaba completamente vedada.

Adquiriendo los métodos de Steve

Trabajar con una persona con la motivación y la intensidad de Steve hace que te empapes de ideas y prácticas sin que te des cuenta. Hace algunos años, después de que salí de Apple, estaba buscando contratar a un gerente de mercadotecnia de producto para un negocio que emprendía. Esta persona sería el vínculo entre Ventas e Ingeniería, además de ser nuestro "representante de clientes *senior*". Entonces necesitaría tener conocimientos técnicos pero también ser capaz de hablar a nivel de ventas a la organización de vendedores. Uno de mis representantes dijo que conocía a un gran tipo cuya compañía lo acababa de despedir. Programé una entrevista ansioso de conocer a este hombre, el cual me lo vendieron como muy listo, con una maestría en Stanford.

Cuando llegó a la entrevista, lo que realmente me impresionó fue que, cuando tocamos el punto de mi compañía y el producto, descubrí que sabía casi tanto como yo. Había hecho una investigación profunda, había usado mi producto y tenía algunas ideas sólidas de cómo mejorar la interfaz con el usuario. Lo contraté y de hecho implementamos algunas de sus ideas.

En el mercado de hoy, con toda la información de internet acerca de los productos y compañías, puede resultar inteligente captar a un candidato que se ha tomado la molestia de hacer la tarea. De hecho, si estuvieras trabajando en Apple, eso es lo que Steve Jobs esperaría de ti.

• • •

Recientemente, recordé que aprendí de contrataciones cuando empecé a trabajar con Steve. De casualidad, me topé con un hombre llamado David Arella, quien me contó la historia de cómo lo había contratado para Apple. Había trabajado para la Agencia de Protección al Ambiente y se cambió al Gobierno de la Ciudad de San Francisco cuando obtuvo su MBA de Stanford. Al buscar un nuevo trabajo, envió muchos currículos y le respondieron de Apple, lo cual lo sorprendió porque no pensó que cumpliera con los requisitos que solicitaban.

Dijo que cuando llegó a la entrevista conmigo estudié su currículo, le pregunté algunas cosas que no sonaban como una entrevista de trabajo y le dije "creo que puedes contribuir aquí. No sé lo que harás; tu historial no se ajusta a nada en particular con nosotros." Le ofrecí un salario, dijo David, y le pregunté: "¿Estarías dispuesto a unirte a nosotros y así nos daremos cuenta de dónde te pondremos?"

Comenzó trabajando en políticas, en el Departamento de Compensaciones. Eventualmente se convirtió en la cabeza de Recursos Humanos para el grupo de Apple II, con un presupuesto multimillonario. En nuestra reunión reciente dijo: "No me contrataste por mis aptitudes; me contrataste a pesar de ellas. Comencé una carrera que aún sigo." Entonces dijo, "Probablemente he contado esa historia cien veces." Para mí, la historia demuestra que no tienes que estar mucho tiempo con Steve para que sus actitudes y prácticas empiecen a cambiar tu forma de trabajo.

A veces hay gente que parece totalmente de la "Marina", pero cuando los ves en su interior encuentras a un Pirata que muere por ser liberado. Alguien así era Grace Hopper. Cuando conocí a Grace tenía alrededor de sesenta años. Era un almirante de marina que vestía su uniforme con orgullo. No era solamente una "marina" en el sentido de la "Marina contra los Piratas"; ella era de verdad. ¿Qué tanto más "Marino" se puede ser?

Conocerla fue un verdadero placer para mí. Ella era uno de mis héroes. Como parte del centro de investigación de la marina, inventó uno de los primeros lenguajes de computadoras, el cual se convertiría en la base para el ampliamente usado COBAL, el lenguaje de software que realmente revolucionó la programación. Cuando la conocí, ella era cortés y nada más. Cuando toqué el tema del software, le brillaron los ojos. Me di cuenta que estaba hablando con una persona muy brillante y creativa que fácilmente se convertiría en Pirata.

Era una gran prueba de que, al buscar talento, no debes dejarte guiar por tu primera impresión, sino que debes asegurarte de que encuentras a la persona real. A veces, descubres al Pirata en donde menos lo esperas.

5

La recompensa
para los Piratas

La mayoría de las corporaciones reconocen a sus empleados mediante una pequeña celebración por los cumpleaños, los aniversarios de contratación y esas cosas. Pero para una compañía centrada en el producto como Apple, las celebraciones, recompensas y reconocimientos se centran en las estrellas de la compañía: su talento y sus productos.

Steve realmente aprecia a su gente. No es que solamente sepa que no estaría haciendo esas grandes cosas sin ellos, les hace notar que lo sabe. El extremo al que Steve llega para reconocer, apreciar y recompensar a su gente me dejaba con frecuencia admirado.

El ejemplo más memorable fue cuando me dijo: "Los artistas firman su trabajo" y decidió que las firmas del equipo original de ingenieros deberían estar grabadas dentro de las cubiertas de las primeras Macs. La fiesta de firmas se llevó a cabo después de una junta semanal, el 10 de febrero de 1982; cada persona en el equipo de ingeniería, firmó en un gran pedazo de papel, incluyendo a Steve Wozniak, quien usó su conocido sobrenombre Woz.

Los compradores de Mac nunca verían las firmas dentro de la cubierta, ni siquiera notarían que estaban ahí. Pero los ingenieros lo sabían y eso significaba mucho para ellos. Incluso ahora, cada vez que ven una Mac Classic en la cochera de alguien o en un museo de la computadora, sienten la satisfacción de saber que lleva sus nombres adentro. Para la mayoría de nosotros existen pocas satisfacciones mayores que saber que somos parte de un gran producto.

FEBRUARY 10, 1982

Inspirando al involucrarse personalmente

Cuando entré a Apple, Steve ya había alcanzado un fino entendimiento de que la gente era motivada cuando su supervisor o líder tiene una conexión activa, directa y personal con el producto. Él encontró que ésa es la mejor forma de inspirar a los demás.

Su objetivo es bombear la suficiente energía para que cada persona en la organización esté tan motivada como lo está él. Para que esto suceda ellos tienen que sentir que son parte del producto. En la organización de Steve, el producto está en el corazón de todo, incluyendo el reconocimiento y la motivación de la gente. La atención de todos está en el producto.

Sabe que tienes que *convertirte* en el producto para dirigir bien. Encuentra caminos poderosos para asegurarse de que cada empleado esté convencido de que su contribución es esencial al éxito del producto. Eso es liderar con el ejemplo. La gente se conecta mucho con lo que hace —crear el producto— porque ven lo conectado que está el líder.

Cuando salió la Mac, aunque no le fue muy bien al principio, todos en el equipo entendimos su potencial. Steve se aseguró de ello y su entusiasmo nunca claudicaba. Siempre era capaz de decir las palabras correctas para mantener a la gente encendida con su trabajo. Y aun con el estrés y las dificultades de trabajar con un líder cuya pasión y obsesión por los detalles nunca terminan, a la gente le encantaba trabajar en Apple, y trabajar para Steve.

¿El resultado? Apple tenía un 3 por ciento de rotación, el más bajo en la industria de la tecnología. Incluso aquellos que veían muy poco a Steve cara a cara eran leales a él. Esa lealtad es reflejada en cómo se recompensaba a la gente por sus esfuerzos. La mayoría de las compañías ofrecen premios en forma de salario, bonos y opciones. Éste es también el caso de Apple, pero Steve además es muy bueno para reconocer a la gente de diferentes maneras. El dinero y las acciones no son las únicas formas de mantener a la gente altamente motivada.

En los primeros días especialmente, en cualquier momento en que el equipo alcanzaba un objetivo importante, todo mundo sabía que habría algún tipo de reconocimiento. El equipo de Mac tenía una reserva de botellas de champaña que sacaban cuando alguien sentía que algún objetivo pequeño, pero importante se había alcanzado, algo con lo que alguien había estado luchando y que finalmente había funcionado.

Cuando cualquier miembro del equipo de Mac merecía un bono, Steve recogía el cheque en un sobre blanco, iba al escritorio del empleado y lo entregaba en persona. Un día entregó medallas al equipo de ingenieros de Mac para mostrarles qué tanto apreciaba sus esfuerzos.

Steve sabía que fijar marcas mantiene a la gente alcanzándolas: el software para la pantalla tiene que estar trabajando para el día quince... 75,000 unidades tienen que estar en la puerta el veintiuno. Cuando se cumplía con cada objetivo era tiempo de hacer una pausa y celebrar.

Una vez que las primeras Macs estaban a la venta, Steve quiso que los trabajadores de la fábrica supieran que apreciaba sus esfuerzos. ¿Cómo entrega los reconocimientos un CEO? ¿Tal vez pide a Recursos Humanos que imprima unos certificados para que los pongan en la pared? ¿Le dice al gerente de planta que haga una junta de felicitación?

Steve no. Él iba a la planta, y me llevaba. Personalmente entregaba un billete de cien dólares a cada trabajador, mirando a cada uno de ellos a los ojos mientras lo hacía. Pero el dinero no era el punto. Lo que los impresionaba profundamente era que importaban lo suficiente como para que el CEO entregara *personalmente* el bono de "buen trabajo".

Un día estaba con Steve en una de sus "caminatas directivas" y fuimos al área de embarque en la planta de Mac. Steve no pensaba que los productos se preparaban para ser enviados lo suficientemente rápido o bien. Una vez más entró en su papel de imaginarse a él mismo como el producto y describiendo lo que experimentaba cuando una Mac llegaba al área de embarque. Enfrente de toda la gente de embarque, hizo que lo empacaran al igual que a una Mac, incluso en envoltura encogible como una manera de pensar cómo el proceso se podía hacer mejor y más rápido.

La mayoría de la gente en el área de embarque estaba boquiabierta y se sentía obviamente incómoda con la actuación, aunque realmente reveló formas de aumentar el flujo de embarque. Y cuando terminó, aplaudieron y vitorearon. Entonces ordenamos pizzas y bebidas y todos festejamos la mejora del método. Al final, esos cambios hicieron posible alcanzar el objetivo que él había fijado de embarcar una Mac cada veintisiete segundos.

Después del lanzamiento de la Mac, cuando regresamos a Bandley Drive, encontramos un gran camión en la puerta trasera. Llevaba cien computadoras Macintosh y Steve las entregó personalmente en una pequeña ceremonia, llamando a cada persona por su nombre, estrechando las manos y extendiendo su agradecimiento personal.

Cada una de esas Macs estaba personalizada con una placa que llevaba el nombre del destinatario. Todavía tengo la Mac que me dio Steve ese día y apuesto que la mayoría de las otras noventa y nueve personas también la tienen.

Cuando el iPhone fue introducido al mercado, cada empleado recibió uno gratis. También cada empleado temporal y cada consultor que había trabajado con la compañía durante más de un año. Steve era el animador más grande que cualquier equipo pudiera tener, impulsando continuamente la moral y el entusiasmo con frases como: "Lo que hacemos aquí genera una gran onda en el universo."

Alentando al "artista" interior
Steve es un artista, el "artista en jefe" de Apple, para usar un término que ha ganado popularidad recientemente, pero que era una descripción de él en un principio.

Él motiva a su equipo de diseño a que piensen en ellos como artistas. Se llevó a todo el equipo de Mac a un *tour* al Museo de Louis Comfort Tiffany en 1982. ¿Por qué? Porque Tiffany era un artista que había dado con éxito el salto a la producción en masa.

Steve aprovechó la sensibilidad artística de sus ingenieros. Siempre con el ánimo sobre estimulado por tener nuevos productos listos para mostrar. Tronaba el látigo a la tropa como un domador de leones con frases como: "Los verdaderos artistas entregan a tiempo."

Andy Hertzfeld, un miembro clave del equipo original de diseño de Mac lo veía de esta manera: "El equipo de Mac tenía un juego complejo de motivaciones, pero el ingrediente más particular era una dosis de valores artísticos. El objetivo nunca fue vencer a la competencia o ganar mucho dinero; era hacer la cosa más grandiosa posible, o incluso un poco más que eso."

Haciendo que la gente se entere

Por alguna razón, los reporteros pocas veces escriben sobre uno de los rasgos de carácter más impresionantes de Steve: cuánto pensamiento le dedica a hacer que la gente se entere de que son importantes y de que lo que hacen es crítico.

Steve piensa regularmente en cómo aumentar el entusiasmo. Tiene un talento natural para ello y también acierta al observar a otros que tienen esta capacidad. ¿Qué es exactamente lo que dicen? ¿De qué modo? ¿Cómo saben si la otra persona escucha lo que están diciendo?

Es fácil perder la pista de qué tan crítico es el elemento humano. Steve es un modelo para todos en Apple, desde los ejecutivos *senior* hasta los equipos que atienden los Genius Bars en las tiendas de Apple. En su tan citado discurso de graduación en la Universidad de Stanford en 2009, él dijo: "Tienen que confiar en algo, en su instinto, en el destino, en la vida, en el karma, en lo que sea. Esta idea nunca me ha decepcionado y ha marcado toda la diferencia en mi vida." Él inculca el mismo sentimiento de confianza, sentido y visión a la gente que trabaja para él.

Era un gran promotor del proyecto Sabático de Apple. Al cumplir cinco años en la compañía, el empleado ganaría un mes libre con derecho a paga. Pero no para irse a tirar a la playa y beber piña colada. Le dejábamos en claro a la persona que esperábamos que regresara con nuevas ideas acerca de un producto, un proceso o un tema más amplio relacionado con la compañía y su estrategia. El sabático iba a ser un tiempo para que revitalizara su pensamiento creativo.

Practicando la motivación presencial

Steve era también el maestro de las "caminatas directivas". Lo podías ver cualquier día de la semana, caminando por los pasillos y preguntando: "¿En qué estás trabajando?" o: "¿Qué problemas tienes?" Ocasionalmente lo veía con un humor más demandante, de más cuestionamiento: "¿Qué es lo que haces para ganarte el dinero que te pago?"

Para algunos de la tropa ésto podía ser incómodo. Lo consideraban una micro gerencia. Pero esa manera de actuar también generaba más sentimientos positivos, y dejaba a la gente pensando: "No solamente se interesa por el producto; también le interesa mi papel. Soy parte de algo más grande. Estamos juntos en esto." A través de los años, Steve ha dirigido a sus empleados siendo omnipresente en sus vidas. Siente que si eres accesible y los escuchas, ellos satisfacerán tus expectativas.

Andy Grove, entonces presidente de Intel, trabajó en algo como esto, de forma distinta. Intel era, por supuesto, una compañía más grande que Apple en ese momento. Andy visitaba a la gente sin avisarle y ellos se sentían a menudo amenazados. Pero él los visitaba porque quería ser parte de todo lo que sucedía e inculcaba el espíritu de solución de problemas, buscando constantemente mejores soluciones.

Este tipo de liderazgo está basado en estar en todos lados al mismo tiempo. Si se hace correctamente, hace sentir a todos parte de la imagen completa.

Hoy este estilo presencial es aún más importante. Con nuestros celulares, los mensajes de texto y los correos electrónicos que enviamos a la persona que está sentada en el cubículo de al lado, somos arrastrados más cerca de la tecnología, alejándonos más de la gente en nuestras vidas. Sí. Steve usa mucho el correo electrónico, pero se mantiene como un gerente presencial tan intenso como siempre. Aún hoy, sigo las lecciones que aprendí sobre la gerencia presencial y desarrollo de producto: la gente en mis organizaciones sabe que estoy disponible y que cualquier detalle significativo prefiero verlo cara a cara que recibir un correo electrónico impersonal.

Cuando necesitaban un descanso, todos en el equipo de Mac iban al atrio que describí anteriormente. Era el punto de encuentro para descansar, lleno de videojuegos y con un abastecimiento ilimitado de su bebida favorita, en ese entonces un nuevo producto local llamado jugo Odwalla (la conocida preferencia de Steve por Odwalla lo ha convertido en un gran éxito internacional).

Era un gran lugar para compartir tu trabajo, tus necesidades, los retos a los que te enfrentabas. Un lugar de reunión como el atrio de Mac ayudaba a todos a sentir que no estaban solos. El problema de una parte del equipo era un problema de todos.

Una táctica de liderazgo de Steve: sesiones de revisión muy frecuentes
Además de los grandes retiros en equipo que sucedían cada tres meses en esos días y los festejos intempestivos de alcanzar una marca, había sesiones de revisión de "carne con papas" que sucedían formalmente cada semana. Steve creía en las revisiones de producto *muy* frecuentes.

Aún con toda esa comunicación, él no esperaba a la siguiente sesión de revisión cuando una idea o una pregunta le surgía. El líder de un equipo de producto podía estar cenando o en su casa con su familia, o a punto de irse a la cama y Steve lo llamaba para revisar una lista de asuntos: "¿Has hecho esto, respondiste aquello, alguien ha llegado con un candidato para llenar la vacante, has encontrado una solución a tal problema?" Y entonces él llamaría de nuevo un par de horas después con más puntos que pensó, muchos de ellos muy detallados.

Pero en cada ocasión él preguntaba: "¿Puedes hablar ahora?" Su sentido implícito de que trabajabas para él veinticuatro horas al día estaba al mismo tiempo templado al mostrar respeto por tu vida privada.

Él rompe algunas de las reglas grabadas en piedra acerca de cómo manejar a la gente. Es notable por llevarla a sus límites y esperar que trabajen al extremo todos los días. ¿Por qué aguantaban las interrupciones a deshoras?

Siempre es difícil trabajar para un perfeccionista. Lo conllevas si te esfuerzas por ser tan energético, entusiasta e inspirado como tu líder.

¿Tus empleados usan tus productos?
Esto puede no aplicarse a tu negocio. Si manufacturas un chip semiconductor o resortes de cama o partes de tractores... o si estás en un negocio de servicios diseñando *websites* o entregando paquetes por la ciudad, lo que sugiero probablemente no va a tener que ver contigo. Pero si provees productos y servicios que tus empleados pueden usar, entonces quieres encontrar formas eficientes de asegurarte que tus empleados no solamente son usuarios de lo que ofreces, sino que son entusiastas al usar los productos no solamente porque alguien los está supervisando sino porque creen en ellos.

Esto puede ir un paso más allá. Si yo fuera la cabeza de Intel, por ejemplo, esperaría que los empleados leales usaran en su casa computadoras que llevaran la etiqueta de "Intel Inside".

En los días previos a Mac, los empleados nuevos de Apple eran contratados a prueba y se esperaba que aprendieran a usar la Apple II. Después de tres semanas se les aplicaba una examen. Si no se habían molestado en aprender cómo usar la computadora, era un signo de que no les importaba el producto o la compañía y se les acompañaba a la puerta.

Al pasar la prueba, Apple les daba una computadora Apple II para su casa.

En 1985, después de la introducción de Mac, hice que mi grupo de instalaciones diseñara una tienda Apple para empleados, cerca de Bandley Drive, abastecido de sus productos: computadoras, impresoras, periféricos y accesorios. No era un centro de utilidades, sino una manera de motivar a los empleados para que se mantuvieran al tanto de las nuevas versiones de todo el hardware. Podías salir con una Mac o una Apple II a la mitad del costo de producción, cerca de 75% menos que el precio en tiendas.

Aún mejor, cada empleado tenía el derecho una vez al año de comprar una computadora para un miembro de la familia o un amigo... al mismo precio de descuento; otra recompensa para los Piratas de Macintosh, así como también para los no Piratas en el resto de Apple.

La compañía era también muy generosa con proveedores, desarrolladores y consultores. "¿Quisieras un par de nuevas Macs? ¿Una LaserWriter? ¿Un servidor?" La pérdida para la compañía era mínima, menor a un error de redondeo; la ganancia en buena voluntad y entusiasmo por los productos de Apple era enorme, más allá de todo cálculo.

La recompensa más grande

Hay pocas cosas en el mundo de los negocios de más valor que tener un equipo con gente a quien realmente le importa la compañía y sus productos. Chuq von Rospach, un veterano de diecisiete años lo dijo así: "Llegué a trabajar a Apple por razones simples: era la compañía que yo sentía que haría una diferencia y mejoraría la sociedad. Apple es una clase rara de compañía que no tiene miedo de mejorar al mundo que lo rodea." Esa clase de actitud es lo que alberga tal grado de éxito centrado en el producto.

Un programador de Apple de los primeros días (espera regresar, por lo que no voy a decir su nombre) captó la forma en que esa actitud se transmite en la compañía: "Incluso dos años después de que dejé Apple, todavía siento que voy a celebrar dos navidades: una con mi familia y otra en enero en Macworld, cuando

Steve Jobs entra al escenario y dice: «Tengo unas cuantas cosas que mostrarles hoy que creo que les van a gustar.»"

Como "artista en jefe", Steve siempre quiere ofrecer una gran salpicada que capte los encabezados, primero en la junta anual corporativa con los accionistas y luego, en Macworld, a los casi furibundos entusiastas y desarrolladores de Apple. Es muy bueno para "hacer ruido" dentro de la compañía y en todo el mundo. Todo el equipo deja de trabajar cuando da su discurso en Macworld y se reúnen a verlo en las pantallas dispuestas especialmente en el restaurante del campus. Steve sabe que está hablando a una audiencia global, pero es igual de importante para él hablarle también a cada empleado y contratista de Apple, especialmente a aquellos con quienes tiene una conexión, aunque sea remota, en la creación de los productos que está presentando ese día (algunas de las presentaciones de lanzamiento de Steve pueden verse en YouTube; búsquenlas en "Steve Jobs Macworld"). Muchas veces, la recompensa más grande para los Piratas de Steve es la emoción de ver sus productos presentados con esa salpicada, el tipo de salpicada para la que Steve es tan bueno.

Para los piratas de antaño, la recompensa es el botín. Para los Piratas de las mejores compañías de hoy, una de las recompensas más grandes viene cuando un nuevo producto o servicio en el que han metido la mano se lanza con algo más que solamente un boletín de prensa.

Solamente vean a Steve en el escenario en un lanzamiento e imaginen el orgullo y la satisfacción que sentirían si hubieran jugado un rol en su creación, en el *marketing* o en su lanzamiento. Entonces pregúntense qué pueden hacer para crear el mismo sentimiento de recompensa con su propia gente.

III

DEPORTES
EN EQUIPO

La organización orientada al producto

Uno de los aspectos más críticos de cualquier organización es construir la estructura correcta para satisfacer las necesidades del negocio. En los primeros años de Apple, la compañía florecía con el éxito de la Apple II. Las ventas eran altas y crecían exponencialmente cada mes. Steve Jobs se había convertido en el muchacho emblemático del *high-tech* y el símbolo de los productos de Apple, mientras Steve Wozniak recibía menos crédito del que merecía, al ser el genio técnico detrás de todo.

Entonces, a principio de los ochenta, la situación empezó a cambiar, pero la gerencia de Apple no entendió o no vio los problemas que se estaban generando. Para poner las cosas peor, el éxito financiero de la compañía enmascaraba los problemas.

Los mejores tiempos, los peores tiempos
Era un período en el que todo el país sufría. El inicio de 1983 no era favorable para vender ninguna cosa. Ronald Reagan sucedía a Jimmy Carter en la Casa Blanca y Estados Unidos estaba tratando de salir de una desagradable recesión; una muy peculiar en la cual una inflación descontrolada, usualmente asociada con una demanda agitada, se combinaba con una actividad económica deprimida. La llamaban "estanflación". Y para domesticar al monstruo de la inflación, el Presidente de la Reserva Federal, Paul

Volcker, había disparado las tasas de interés al cielo, ahogando la demanda del consumidor.

Cerca de casa, IBM había aterrizado como una tonelada de ladrillos en el pequeño arenero de la PC que Apple tenía como propio. IBM era el gigante solitario entre los pigmeos en el negocio de las computadoras personales. Y los "pigmeos" eran del tipo de General Electric, Honeywell y Hewlett-Packard. Apple no podía siquiera llamarse pigmeo. Equivalía a un error de redondeo en un estado de resultados de IBM. Por lo tanto ¿estaba Apple destinada a ser sacudida, relegada a un leve destello en las notas a pie de página en los libros de negocios?

Aunque Apple II era el *cash cow* de la compañía, Steve vio correctamente que su atractivo iba a desaparecer. Peor aún, la compañía justo había enfrentado su primer fracaso mayor: el retiro de cada una de las nuevas Apple III con valor de 7 800 dólares, debido a un problema con un cable defectuoso que costaba menos de treinta centavos.

Y luego estaba la acometida de IBM con sus cursis anuncios de "Charlie Chaplin". Con su entrada, la Gran Azul hizo un efecto profundo legitimando las computadoras personales como algo más substancial que un espacio para *hobbies*. La compañía había virtualmente creado un nuevo y vasto mercado con el tronar de sus dedos. La pregunta inmediata para Apple era ¿cómo diantres se podía contraatacar el legendario poder de mercado de IBM?

Para sobrevivir, ni hablar de prosperar, Apple necesitaba un gran Segundo Acto. En el pequeño grupo de desarrollo que manejaba Steve, él creía que tenía el antídoto. Pero habría de enfrentarse al único obstáculo infranqueable de su carrera, un reto que él mismo estaba a punto de crear.

La búsqueda de liderazgo

La situación de liderazgo estaba muy sacudida. Steve era el presidente del consejo directivo, un trabajo que tomaba muy en serio. A pesar de eso, su atención estaba centrada en la Mac. Mike Scott no había demostrado aún ser una opción efectiva como presidente y Mike Markkula, el ángel inversionista que puso el dinero inicial para que los dos Steves comenzaran el negocio, todavía funcionaba como CEO, pero seguía buscando la manera de pasar el trabajo a alguien más.

A pesar de todas las presiones que Steve tenía, una vez al mes manejaba al campus cercano de Stanford, conmigo haciéndole compañía. En los muchos viajes en coche que hice con Steve, a Stanford o a cualquier otro lado, el viaje siempre fue una experiencia. Es un muy buen conductor, muy atento al camino y a lo que los otros conductores hacían; pero en ese entonces manejaba de la misma forma a como manejaba el proyecto de Mac: de prisa, queriendo que todo sucediera lo más rápido posible.

Te da la impresión que cualquier persona nueva podría aprender mucho de cómo era la personalidad y la concentración de Steve al viajar con él en su Mercedes. El recién llegado descubriría rápidamente también el amor que Steve tenía por la música, claramente una parte fundamental de su vida. Él diría "Has oído esta" y pondría una canción de The Beatles o alguna otra de sus favoritas, con el volumen tan alto como en mi primer viaje que hicimos a PARC, por lo que prácticamente teníamos que gritar para oírnos encima de la música.

En esas visitas mensuales a Stanford, Steve se reunía con los estudiantes de la Escuela de Negocios, fuera en el pequeño salón de conferencias con treinta o cuarenta estudiantes o en un salón de seminarios, alrededor de una mesa de juntas. Dos de los estudiantes, cuando se graduaron, fueron contratados por Steve para el grupo de Mac: Debi Coleman y Mike Murray.

En una de las juntas semanales de Steve con los líderes del equipo de Mac, hizo algunos comentarios sobre la necesidad de un nuevo CEO. Debi y Mike saltaron y empezaron a hablar maravillas del presidente de PepsiCo, John Sculley, quien habló en su clase de la Escuela de Negocios. Sculley había ideado la campaña de mercadotecnia que finalmente había robado una participación significativa de Coca Cola. Conocido como el Reto Pepsi (con Coca Cola como retador, por supuesto), los anuncios mostraban consumidores con los ojos vendados que probaban dos refrescos y se les preguntaba cuál preferían. En los anuncios, por supuesto todos escogían a Pepsi.

Debi y Mike hablaron con mucho entusiasmo sobre Sculley como ese experimentado CEO y genio de la mercadotecnia. Creo que todos los que estábamos presentes tuvimos la sensación de que era "justo lo que necesitábamos".

Yo me imagino que Steve pronto empezó a hablar por teléfono con John. Después de unas cuantas semanas, pasó un fin de semana largo en junta con John. Esto debió haber sido en el invierno; me acuerdo que Steve me platicó que había estado en Central Park recién nevado.

Aunque John no sabía nada de computadoras, Steve estaba muy impresionado con sus conocimientos de *marketing*, que lo llevaron a dirigir esa gigante compañía que era PepsiCo. Steve consideraba que sería una gran ventaja para Apple. Pero para John, la oferta tenía obvios inconvenientes. Como compañía, Apple era minúscula comparada con PepsiCo. Además, todos los amigos y contactos de negocios de John estaban en la Costa Este. Y encima de todo, le habían dicho que era uno de los tres candidatos para ser presidente del consejo de PepsiCo. Su primera respuesta fue un terminante no.

Steve siempre tuvo un rasgo necesario para un líder exitoso: determinación. El punto culminante de su galanteo con Sculley fue con la frase que se convirtió en una leyenda de los negocios: "¿Quieres pasar el resto de tu vida vendiendo agua con azúcar o quieres cambiar el mundo?" La pregunta revelaba menos acerca de Sculley que lo que decía de Steve; claramente se veía destinado a cambiar el mundo.

John recordaría mucho después: "Yo tragué saliva porque sabía que me preguntaría el resto de mi vida qué era lo que me había perdido."

El romance de Sculley continuó durante varios meses, pero para la primavera de 1983, Apple Computer tenía finalmente a su nuevo CEO. Sculley había cambiado su posición directiva en una empresa global establecida desde muchos años atrás y una de las marcas icónicas del mundo, por manejar una compañía relativamente pequeña en un campo del que no sabía nada. Una compañía, además, que hacía nada constituía un par de *geeks* en una cochera y que ahora iba a batirse contra el titán de la industria.

Durante los siguientes meses, John se llevó mucho con Steve. La prensa especializada los llamaba "El Dúo Dinámico". Iban juntos a reuniones y al menos, durante las horas de trabajo, estaban prácticamente pegados uno al otro. Más que eso, tenían una sociedad de tutoría mutua; John le enseñaba a Steve cómo se manejaba una empresa grande; Steve inducía a John a los misterios de los *bits* y los *bytes*. Pero desde el principio, el mayor atractivo para John Sculley era el proyecto maestro de Steve Jobs, la Mac. Con Steve como el guía *scout*, no se podía esperar que el interés de John se dirigiera a ningún otro lugar.

Para ayudar a John con la difícil transición de los refrescos a lo que debió haber parecido el misterioso mundo de la tecnología, puse a uno de mis empleados de IT, Mike Homer, en una oficina próxima a la suya, con la tarea de trabajar como su mano derecha para darle el punto de vista de la tecnología. Cuando Mike dejó ese puesto, un joven llamado Joe Hutsko lo tomó; esto fue notable porque Joe no tenía título universitario y ninguna formación técnica y, sin embargo, estaba cien por ciento capacitado para el trabajo. Pensé que para que John y Apple tuvieran éxito, era esencial que tuviera a un "techie" pegado.

Steve soportó esos intermediarios, pero no le encantaba la idea; hubiera preferido ser la única fuente de conocimiento tecnológico para John. Pero claramente Steve tenía otras cosas en mente, además de ser el tutor de John.

John y Steve estaban tan en la misma frecuencia que a veces uno completaba la frase del otro. (Bueno, yo nunca oí que lo hicieran, pero esto formaba parte de la leyenda de John y Steve). Este pensamiento común fue en parte la razón de que John adoptara la visión de Steve acerca de que el futuro de Apple era la Macintosh.

Ni Steve ni John se hubieran podido dar cuenta de la batalla que les esperaba. Incluso si un Nostradamus moderno hubiera predicho la batalla, nosotros hubiéramos asumido que sería una pelea de los productos: la Macintosh versus Lisa o Apple versus IBM. Nunca se nos ocurrió que la batalla sería por cómo se organizaba la compañía.

El laberinto de la salida al mercado

De hecho, uno de los grandes problemas para Steve era la propia computadora de Apple, Lisa, la cual había sido lanzada por la compañía el mismo mes en que Sculley fue contratado. Con la Lisa, Apple pretendía derribar el bastión de los clientes de negocios de IBM. Al mismo tiempo, se lanzó una mejora de la versión de Apple II: la Apple IIe.

Steve había estado insistiendo todo el tiempo en que Lisa había sido construida con tecnología obsoleta, pero se enfrentaba a un obstáculo en el mercado aún mayor: el precio de introducción eran unos increíbles 10 mil dólares. Lisa había luchado para sacar el pie a la calle. Con menos poder, con más peso y con mayor precio, se derrumbó rápidamente y no pintó mucho en la crisis subsecuente. Mientras tanto, la IIe, con nuevo software, mejores gráficos y un uso mejorado, fue un éxito sonoro. Nadie había esperado que esta mejora casi rutinaria la convirtiera en tal éxito.

El objetivo de la Mac, por el contrario, era el novato, el consumidor individual. El precio estaría alrededor de los 2 mil dólares, mucho más atractiva que el precio de Lisa, pero mucho más cara que su competidor principal, la PC de IBM. Y ahí iba la Apple II, la cual a fin de cuentas, se mantendría dando vueltas durante algunos años más. Así que ahora Apple tenía dos productos eje: la Apple IIe y la Mac. Éste era el tipo de problemas por los que se había contratado a John Sculley. Pero cómo podría resolverlo si sus oídos estaban llenos de las historias de Steve sobre la Mac y las glorias que traería a los usuarios y a Apple.

Debido a este conflicto organizacional, la compañía se dividió en dos, Apple II contra Mac. Lo mismo sucedía en las tiendas que vendían productos Apple: el competidor más grande de la Mac era la Apple II. El punto más alto del conflicto era que la compañía tenía alrededor de 4 000 empleados, de los cuales 3 000 estaban apoyando a la línea de producto de Apple II y 1 000 en la organización de Lisa y de Mac.

A pesar del desequilibrio de tres a uno, la mayoría de los empleados veían a John menospreciando el negocio de Apple II debido a que estaba muy concentrado en la Mac. Pero, dentro de la compañía, era difícil ver que el problema era ese nosotros contra ellos, cuando Apple tenía grandes ingresos de ventas y un billón de dólares en el banco.

El creciente portafolio de productos puso el escenario para algunos fuegos artificiales y un gran drama.

La ruta al mercado de la Apple II era la tradicional en el negocio de los electrónicos al consumidor: la venta a través de los distribuidores. Los distribuidores revenderían a escuelas y universidades, además de al comercio. Como en otros negocios –las lavadoras, los refrescos, los coches– era el comercio el que vendía el producto a los consumidores finales. Los clientes de Apple, en resumen, no eran entonces los consumidores finales sino las grandes organizaciones de distribución.

En retrospectiva, es claro que éste era el canal de ventas equivocado para un producto de tecnología como la Mac.

Mientras el equipo de Mac trabajaba febrilmente en los retoques de último minuto para el lanzamiento largamente atrasado, Steve tomó un modelo demo para un *tour* de pre-lanzamiento con la prensa. Visitó ocho ciudades alrededor de Estados Unidos, para darle a los medios un avance de la computadora. En uno de los lugares, el demo no funcionó muy bien. Había un error en el *software*. Steve hizo lo que pudo para disimularlo. Tan pronto como se fueron los reporteros, llamó a Bruce Horn, quien era responsable por esa pieza de *software*, y describió el problema.

"¿Cuánto tiempo va a tomar?", preguntó Steve. Después de un momento, Bruce le dijo: "Dos semanas." Steve supo lo que eso significaba: le tomaría a cualquier otra persona un mes, pero Bruce era la clase de persona que se encerraría en su oficina hasta terminar con el problema. Aún así, Steve sabía que tanto tiempo podía arruinar el calendario de lanzamiento. Dijo: "Dos semanas es mucho." Bruce le explicó lo que implicaba. Steve respetaba a Bruce y supo que le estaba dando un diagnóstico válido. Pero le dijo: "Entiendo lo que dices, pero tienes que tenerlo antes."

Nunca entendí realmente de dónde vino o cómo lo desarrolló, pero Steve había adquirido la capacidad, aun careciendo del conocimiento técnico, de evaluar con exactitud lo que es posible de lo que no lo es.

Hubo una pausa larga en lo que Bruce lo pensó. Entonces le dijo: "De acuerdo. Intentaré tenerlo en una semana." Steve le dijo lo satisfecho que estaba. Cuando está agradecido puedes oír el tintineo de entusiasmo en su voz. Momentos como ésos son muy motivadores.

La misma situación se dio nuevamente al acercarse la fecha de lanzamiento, cuando el equipo de ingenieros de *software* que desarrollaban el sistema operativo se topó con un problema. Faltando una semana antes de que el código tuviera que ser entregado para que se duplicaran los discos, Bud Tribble, la cabeza del equipo de *software* le dijo a Steve que no iban a lograrlo. La Mac tendría que ser embarcada con un *software* inestable y sucio, etiquetado "demo".

En lugar de la esperada explosión, Steve le dio un masaje al ego. Alabó al equipo de diseño como el más grande. Todo Apple contaba con ellos. "Ustedes *pueden* hacerlo", les dijo en ese tono irresistible de aliento y certeza.

Y entonces Steve terminó la conversación antes de que los programadores pudieran discutir. Habían invertido semanas de noventa horas durante meses, a menudo durmiendo debajo de sus escritorios en lugar de irse a sus casas. Pero los había inspirado. En el último día, literalmente a minutos del límite, lo lograron.

Dándose cuenta de los signos de conflicto

Las primeras señales de que la dulzura y luz entre John y Steve podían estarse disipando llegaron durante el largo desarrollo de la campaña de publicidad que marcaría el lanzamiento de la Macintosh. Ésta es la historia del famoso comercial de televisión de sesenta segundos para la transmisión del Super Bowl de 1984, dirigido por Ridley Scott, quien justo se había convertido en uno de los directores más de moda en Hollywood por *Blade Runner*.

Para aquellos que no lo conocen, el anuncio de Macintosh muestra un auditorio lleno de trabajadores autómatas, vestidos de traje y corbata, viendo fijamente una pantalla gigante, en donde una figura siniestra les daba un mensaje; eso era una escena sugerente de la novela clásica de George Orwell, *1984*, acerca de un gobierno que controla la mente de los individuos. De pronto, una joven mujer atlética vestida con una camiseta y shorts rojos aparece corriendo, bajando por el pasillo y arrojando un mazo contra la pantalla, estrellándola. La luz del sol entra en el salón, el aire fresco se introduce flotando y los trabajadores despiertan de su estado de trance. Una voz fuera de cuadro declara: "En enero 24, Apple Computer lanzará Macintosh. Y verás por qué 1984 no será como *1984*."

A Steve le encantó el comercial desde el momento en que la agencia se los mostró a él y a John. Sin embargo, John era aprensivo. Él pensaba que el anuncio estaba muy loco. A pesar de ello dijo que "podría funcionar".

Cuando el consejo de directores vio el comercial, lo odió y dieron instrucciones a la agencia de publicidad de que la televisora cancelara la pauta del Super Bowl que Apple había comprado y que regresaran el dinero. La cadena de televisión muy probablemente hizo un esfuerzo, pero reportó que no pudo encontrar un comprador.

Steve Wozniak claramente recuerda su propia reacción. "Steve [Jobs] me llamó para que viera el comercial. Después de verlo le dije: «Este comercial somos nosotros.» Le pregunté si iba a ponerlo en el Super Bowl y Steve dijo que el consejo había votado en contra".

Cuando le pregunté por qué, la única parte de la respuesta que Woz recuerda fue que el comercial costaría 800 000 dólares. Woz dijo: "Lo pensé un segundo y le dije que yo pagaría la mitad si Steve pagaba la otra mitad." En retrospectiva, Woz dijo: "Me di cuenta de lo inocente que era. Pero en ese momento fui muy sincero."

Resultó que no fue necesario porque, en lugar de ver un deslucido comercial sustituto de Macintosh, el vice presidente ejecutivo de ventas y mercadotecnia de Apple, Fred Kvamme, en el último minuto hizo una llamada crítica que escribiría una página en la historia de la publicidad: "Pónganlo al aire."

Cuando el comercial se transmitió, los televidentes quedaron fascinados y atónitos: nunca habían visto nada igual. Esa noche, los directores de los noticieros del canal de televisión en todo el país decidieron que el comercial era tan diferente que era noticia y lo retransmitieron como parte de sus programas nocturnos de noticias, dándole a Apple millones de dólares de publicidad adicional, gratis.

Una vez más, Steve había tenido razón al seguir sus instintos. Temprano en la mañana, después de que el comercial se transmitió, manejamos por enfrente de una tienda de computadoras en Palo Alto, donde encontramos una larga fila de gente esperando a que se abrieran las puertas. La historia era la misma en todas las tiendas de computadoras del país. Hoy día, muchos califican ese comercial como el mejor comercial de televisión que se ha puesto al aire.

Sin embargo, dentro de Apple, el comercial estaba causando daño. Solamente avivó las llamas de la envidia que la gente en los grupos de Lisa y Apple II sentía contra la creciente Macintosh. Hay formas de disipar estas envidias y celos dentro de una compañía, pero no pueden arreglarse en el último minuto. Si la gerencia de Apple hubiera reconocido el problema, hubiera trabajado en hacer que todos en la empresa se sintieran orgullosos de la Mac y apasionados por su éxito. Nadie entendió lo que esa fricción estaba haciendo a la fuerza de trabajo.

Fricciones del liderazgo

Antes de que el público viera una Macintosh en la vida real, Steve sostuvo una junta con todos los empleados. Hubo mucho ruido, pero nadie en la compañía, fuera de la gente del equipo de Mac, había visto la computadora. David Arella, el empleado de recursos humanos que yo había contratado a pesar de su falta de experiencia apropiada, se ilumina cuando habla acerca de la introducción de Mac. "Steve dio uno de los discursos más estimulantes que he oído. Nos hizo sentir que estábamos en el lugar correcto en el momento correcto. Fue el discurso más contundente que he oído", dice. Pero fue una sola junta en el último minuto; demasiado tarde para mitigar las fuerzas rivales dentro de la compañía.

Dos días después del Super Bowl, el anuncio de Apple todavía se encontraba en boca de todo el país cuando Steve, engalanado con un saco azul cruzado y una corbata de bolitas, se subió al escenario y dio una de esas introducciones de producto nuevo que se convertirían en su sello. Sonriendo con su sonrisa maliciosa, desveló una Mac y la invitó a que hablara. Y lo hizo diciendo: "Hola, soy una Macintosh. Nunca confíes en una computadora que no puedas cargar... Me da gusto estar fuera de esa bolsa." Y entonces, la computadora dijo: "Es un honor considerable presentarles al hombre que ha sido como un padre para mí, Steve Jobs." El público rugió su aprobación por Steve y su fascinación por una computadora como nunca habían visto.

John Sculley y yo estábamos a los lados cuando Steve finalmente salió del escenario y dijo algo como: "Éste es el momento más orgulloso de mi vida." Sabíamos lo que quería decir: no solamente había lanzado una computadora; había lanzado una nueva forma de hacer computación. Estaba eufórico.

Ser la cara pública de tu producto

La organización orientada al producto tiene al producto como el elemento más importante en todo lo que hace. Steve es un gran ejemplo de ser la cara de tu producto dondequiera que vayas. El lugar más obvio para ver esto es cuando está a punto de hacer una presentación en una conferencia de prensa o en una Mac Expo. Steve a menudo presta poca atención a los comentarios preparados. Al mismo tiempo, es un demandante fiero de los detalles más pequeños, hasta el grado de ver el lugar exacto del escenario en el que estará el producto principal que se va presentar, exactamente cómo se va a iluminar y exactamente en qué momento se va a revelar.

Verlo en escena en una de esas presentaciones era ver a un actor consumado; no, de hecho, era mejor que un gran actor porque los actores dicen palabras escritas por otros, mientras que Steve habla *impromptu*, sabiendo de antemano, por supuesto, exactamente los mensajes que quiere comunicar sin seguir ningún guión. Él podía mantener a una gran audiencia hechizada por una hora o hasta dos.

Siempre está hiperactivo cuando se trata de tener nuevos productos listos para el *show*. Sin importar cuál producto, su confianza no tiene paralelo. Y es notablemente imperturbable. Cuando presentó la primera impresora láser de Apple, la LaserWriter, fue construyendo el discurso, al final presionó el botón del teclado de la computadora para dar la instrucción de imprimir... y no pasó nada. Steve siguió hablando como si todo hubiera estado planeado mientras una bandada de técnicos vestidos de bata blanca se agolpaba en el escenario, encontraron un cable suelto, lo conectaron y desaparecieron. Steve regresó a la computadora, presionó el botón y las páginas comenzaron a brotar. No se mostró ni un poquito perturbado.

Cuando lanzó el iPhone 4 y no pudo obtener señal, simplemente le pidió al público que apagaran sus iPhones y *voilà*, al terminarse la interferencia, obtuvo señal.

Después de la introducción de Mac, las ventas arrancaron bien. Steve había definido como meta la venta de 50 000 unidades en los primeros cien días. De hecho resultaron ser más de 70 000 y las ventas continuaron creciendo. Solamente en junio vimos ventas de más de 60 000.

Sin embargo, ésa fue la marca más alta. Luego vino un descenso continuo, que se convirtió en preocupante. La imposibilidad de expandirse, la pequeña capacidad de memoria (128 *kilobytes* contra 1 *megabyte* en Lisa), las pocas aplicaciones disponibles en un momento en el cual los desarrolladores independientes de *software* sacaban docenas de aplicaciones ingeniosas para la PC de IBM, empezaban a cobrar la factura. Una caída general de la industria en ventas de PC (los clones de las IBM estaban también en la mezcla) se añadió al problema. El público consumidor había decidido hacer una pausa para digerir toda la revolución que la PC había traído en unos cuantos años.

Steve estaba alarmado de que algo andaba muy mal en las ventas y la distribución. La respuesta no era difícil de encontrar. La Mac no tenía ranuras de expansión para añadir dispositivos por lo que no había artículos periféricos que el comercio pudiera vender. La computadora era en su mayoría intuitiva, por lo que el comercio no podía ganar dinero en capacitación al consumidor. Los márgenes en las computadoras eran pequeños; las tiendas ganaban principalmente vendiendo periféricos y en capacitación.

Los minoristas encontraron que la Mac era útil para atraer a los consumidores a sus tiendas —todo mundo quería ver este radical nuevo tipo de computadoras. Pero ya que el cliente había visto la Mac, el representante de ventas te decía todas las razones por la que ellos considerarían una IBM o un clon, convirtiéndose en una fuerte motivación para que el consumidor le diera la espalda a la Mac.

Otra señal de que el sistema de ventas estaba equivocado: tuvimos un programa de incentivos para la gente en las tiendas —el que venda más Macs en tu tienda se gana una Mac. Me da pena admitir que fue mi idea; el resultado no fue un incremento en ventas, sino un 30 por ciento de rotación en los equipos de ventas de las tiendas porque la gente tomaba el trabajo para ganarse la Mac y se iba en cuanto la ganaba. En tanto, las fisuras entre Steve y John se convirtieron en grietas.

Cuando los desacuerdos se convierten en explosiones

Después del lanzamiento de la Macintosh, Apple organizó una gran junta de ventas en un hotel en Waikiki Beach, en Hawaii. El evento fue un éxito contundente, pero no pasó desapercibido que John y Steve pasaron casi todo el tiempo de la conferencia sin hablarse el uno al otro. Steve estaba empezando a entender algo que sería más importante en los años venideros: la PC de IBM se etiquetaba como personal pero en realidad no lo era. En realidad se había diseñado para que clientes corporativos la pusieran en los escritorios de los empleados. Lo mismo con Lisa. El precio de 10 000 dólares de por sí anunciaba que no era para un usuario doméstico.

La Macintosh era diferente. Sola en un campo aglomerado, estaba realmente diseñada para el consumidor.

Sin embargo Apple acababa de contratar una fuerza de ventas de 2 500 personas para venderla a negocios. Steve se sentía frustrado al no poder convencer a John que eso llevaba a Apple en la dirección equivocada. En la cena de la primera noche en

Hawaii, los dos tuvieron una gran explosión; era como un anuncio público de que ya no serían los amigos pegados uno al otro, como lo habían sido los primeros meses después de la llegada de John.

Las ideas nuevas pueden suavizar las fricciones o encenderlas
La visión ardiente de Steve de venderle al consumidor fue la razón por la que estaba tan emocionado de recibir un visitante en Apple, no mucho después de la junta en Hawaii.

Siempre ansioso de mejorar sus habilidades gerenciales, Steve me había preguntado cómo podría obtener sugerencias de líderes corporativos más experimentados. Esto me llevó a establecer lo que llamé el Programa de Liderazgo Gerencial. Invité a CEOs a Cupertino para que se sentaran simplemente a platicar con nosotros, cenando con Steve y conmigo una noche y al día siguiente en una especie de seminario entre el CEO visitante y nuestro equipo ejecutivo. Varios ejecutivos prominentes como Lee Iacocca, de Chrysler y Fred Smith, de Federal Express estuvieron entre aquellos que aceptaron la invitación, todos con perspectivas y conocimientos que Steve engullía.

Cuando invité a Lee Iacocca, CEO de Chrysler, él dijo: "Me encantaría asistir pero, ¿cuántas camionetas de Dodge renta Apple?" Le dije que no sabía, pero que lo averiguaría. Unos días después lo llamé y le dije lo que había descubierto: no teníamos ninguna. Lee contestó: "Está bien, renta cuatro camionetas de Dodge y voy."

Era la primera vez en mi vida que veía a un CEO prominente actuar como vendedor por unos cuantos productos de su compañía. Renté las camionetas y él fue.

La visita de Lee con Steve fue una clásica cita entre dos empresarios históricos. Con Steve manejando el grupo de Mac a su voluntad, Apple operaba como dos compañías separadas. El consejo de Lee fue que la compañía tenía que centrarse absolutamente en el producto.

"En Chrysler," dijo, "todo tiene que ver con el producto. Al reunirse conmigo, se están reuniendo con una Dodge Van". Lee sentía que los fabricantes de carros japoneses eran la máxima expresión de la orientación al producto. Las compañías estadounidenses, en su opinión, estaban empantanadas en una gerencia estructurada con pesadas capas superiores.

"Las compañías exitosas tienen que aprender de la mentalidad innovadora de las compañías que arrancan". Este consejo también resonó en Sony, muy admirada por Steve, y una de las compañías más centradas en el producto que puedas encontrar, a pesar de tener literalmente cientos de productos. Lee reconoció que los productos de Sony tenían el mismo tipo de detalle y calidad que el producto de Steve.

Me hizo darme cuenta, más claramente que nunca, de otro de los principios de Steve: que la estructura de la organización tiene que estar constantemente en revisión para asegurarse de que cumple con los requerimientos del producto, desde el desarrollo hasta las ventas. Apple no hacía eso.

Al final de la sesión no pude dejar de pensar si Steve y Lee no tendrían una gran relación de trabajo. Tal vez, pensé, una relación que hubiera funcionado mejor que la de Steve y John Sculley. Como los valores de sus negocios son tan similares, algo que no se podía decir de Steve y John, me podía imaginar a los dos intercambiando ideas entre ellos. No importaría que la experiencia de Lee viniera de un negocio completamente diferente; la única cosa que importaría sería que ambos tenían un instinto de cómo manejar un negocio y cómo complacer a sus consumidores. Y se respetaron y admiraron uno al otro.

Por lo que la respuesta a mi pregunta es: "Sí, Steve y Lee compartían el mismo sistema de creencias y hubieran hecho un gran equipo." Yo creo que hubieran tenido éxito como co-CEOs.

Fue Fred Smith, sin embargo, quien impactó más a Steve. Él planteó la posibilidad de cortar el nudo gordiano que mantenía a la Mac prisionera de un sistema de ventas y distribución tradicional. A fines de 1984, en una cena con Steve y yo, la noche anterior de su aparición en la sesión de liderazgo, Smith mencionó a Steve que IBM estaba considerando un esquema radical para vender las PCs, uno que Apple debería considerar: un sistema de venta directa al consumidor, con embarques de la fábrica a domicilio, usando Federal Express.

Los ojos de Steve se encendieron. Inmediatamente visualizó una pista de aviones de Federal Express junto a la planta de ensamblaje de Mac en Fremont, con Macs saliendo de la línea y volando a la central de Federal Express, para luego entregarse individualmente a cada comprador, diariamente. Eso terminaría con los gastos de millones de dólares atorados en los canales de distribución y con los minoristas empujando productos de la competencia a la gente que iba a ver la Mac.

Steve se lo platicó entusiasmado a John. Pero John, para quien el sistema de distribuidor-comercio era una ley natural universal, le pareció la idea extraña. No le gustó. No entendía cómo funcionaría. La ninguneó.

Lo que no vi en ese momento fue algo que ahora creo que vieron claramente Lee Iacocca, Fred Smith y hasta Ross Perot (sobre todo este último): el verdadero problema aquí era quién debía de ser el CEO de Apple. Ustedes pueden anticipar mi respuesta: Steve.

Mucha gente que se vuelve muy exitosa tiene mentores, especialmente al principio de sus carreras. Parte de mi objetivo al arrancar el Programa de Liderazgo Gerencial era la esperanza de que Steve encontrara un líder con gran experiencia que adoptara como mentor. Nunca sucedió.

Una de las personas de quien Steve ocasionalmente habló con admiración —además de Gutenberg y Henry Ford— fue Edwin Land, el inventor de la cámara Polaroid, la cual, en alrededor de sesenta segundos, podía expulsar una impresión a color de una foto que acababas de tomar. Como Steve, Land había abandonado la escuela, renunció a Harvard después de un año. También como Steve, fue un gran innovador. A diferencia de otros héroes de Steve, sin embargo, Land todavía estaba vivo y activo. Cuando le mencioné a Land, le sugerí que se reuniera con él. Y lo hizo.

Cuando regresó estaba muy entusiasmado. Sintió que Land era el verdadero héroe americano. Al mismo tiempo, Steve sintió que Land nunca tuvo el reconocimiento que merecía, porque los consumidores compraban sus cámaras sin reconocer jamás realmente la brillantez científica detrás de sus productos, descubrimientos que Land había hecho con su propia investigación. (Durante un período temprano, él solía colarse por la noche a los laboratorios de la Universidad de Columbia, porque no podía pagar un laboratorio).

Era claro que Steve sentía pena por el destino de este brillante hombre. Más que eso, la experiencia de escuchar la historia de Land había sido una experiencia de aprendizaje para Steve: lo había blindado con la determinación de no permitir que la Mac o él mismo sufrieran el mismo destino.

Como un mes después, inspirado por el entusiasmo de Steve, fui a ver a Land, juntándonos en un restaurante cerca de Commons, en Boston. Lo encontré muy parecido a Steve Jobs: poca educación formal pero brillante y con una conversación increíblemente interesante sobre cualquier tema. Encontré a un hombre de calidad. Él había pensado obviamente lo mismo de Steve, se impresionó de que hubiera logrado lanzar y construir Apple, así como las innovadoras ideas de las que habían hablado acerca de la Mac.

Adoptando una postura en tiempos tormentosos
A pesar de todo, la inspiración de Edwin Land no le ofreció ninguna ayuda con los problemas que empezaban a hervir en la

cúpula de Apple. Mientras John estuvo apoyando la Macintosh, Steve no se fijaba en los problemas de la estructura corporativa. Yo sabía que había tenido razón en aquellas conversaciones acerca del cambio general de Apple de una organización funcional a una organización basada en el producto. La compañía tenía que estar orientada al producto.

Tomando el tema de Steve, hablé muchas veces con John, para hacerlo entender que la división en la operación y foco de la compañía era un error. Él me escuchaba pero nunca pude convencerlo.

Steve estaba notablemente optimista cuando el año de George Orwell y comenzaba 1985. Esto se debía principalmente a que había logrado conseguir que se escribiera un número de aplicaciones nuevas para la Mac por medio de terceros. Las aplicaciones eran geniales y emocionantes, aunque ya era un poco tarde: no eran suficientes para impulsar las ventas decrecientes. Para Andy Hertzfeld, Steve "parecía ignorar el descenso de ventas y continuó comportándose como si la Macintosh estuviera teniendo un éxito explosivo y sin precedente. Sus lugartenientes en la división de Macintosh tenían que lidiar con la brecha que abría la realidad, reconciliando los eternamente cambiantes planes de dominación del mundo que emanaban de su líder y las persistentes malas noticias de los canales de ventas". Todavía compartían la certeza de Steve de que la Macintosh definía el futuro de la computadora personal, y al mismo tiempo reconocían, mientras Steve no lo podía hacer, que la versión inicial de la Mac, que habían lanzado al mercado, necesitaba mejoras para que la curva de ventas pudiera girar fuertemente hacia arriba.

Steve estaba tratando de imaginarse cómo corregir la compañía y cómo hacer que los equipos redescubrieran su pasión. Si no tenía éxito, lo dejaba en manos de Recursos Humanos: yo.

En marzo organicé una gran junta fuera de la oficina en el hotel Parajo Dunes, para resolver las fricciones crecientes entre el grupo de Mac y el grupo de Apple II, así como las fricciones entre Steve y John. Desde entonces me he referido a esto como la "junta del espacio de anaquel".

Cuando comenzó la sesión, descubrí que John cambiaba la agenda que yo había armado. Iba a usar la junta como un foro para presentar sus propias ideas de cómo solucionar los problemas de ventas de la Mac. John dedicó cuatro horas tratando de convencer a todos de que el único camino que llevaría a la mejora de las ventas de la computadora era el mismo que él había usado para hacer a Pepsi tan exitosa: controlar el espacio de anaquel.

Su conclusión fue que Apple necesitaba hacer un mejor trabajo para controlar el anaquel a fin de que se dieran las ventas. Por supuesto que eso nunca sucedió. Y mi intento de ventilar los problemas organizacionales y comenzar una nueva Apple no prosperaron.

La tormenta que se gestaba finalmente reventó como un torrente alrededor de finales de mayo, cuando John Sculley le dijo a Steve que ya no dirigiría al equipo de Macintosh. En lugar de eso, él sería "promovido" a una posición con una mayor responsabilidad general; de lo que me acuerdo mejor es que el título era director en jefe de tecnología.

El consejo de hecho había estado preocupado por encontrar un rol apropiado para Steve, de mantener sus notables instintos visionarios en la compañía, pero sentía que era demasiado temperamental y con muy poca experiencia para llevar a un grupo de producto. También John quería que Steve se quedara; lo que no quería es que siguiera dirigiendo la división de Mac.

Es el momento de poner las cosas en claro: la versión aceptada de esto dice que John (o el consejo) despidió a Steve. Eso no fue lo que pasó. Steve salió de Apple ese día, se subió en su Mercedes y manejó, muy lastimado. Sí, él podía ser difícil, pero vean los resultados. La Macintosh era su creación. Las ventas no iban bien, pero mejorarían. Y el resto de la industria de las computadoras podría ofrecer un *mouse*, íconos, menús desplegables y todo lo demás. Pero le habían quitado el grupo de Mac.

John estaba tan enojado de que Steve se hubiera ido que él mismo se fue también ese día. La diferencia fue que John regresó a su escritorio al día siguiente, muy temprano, como de costumbre.

A pesar de unos cuantos esfuerzos iniciales de John para volverlo a traer, Steve fue un externo de Apple durante los siguientes diez años. Al tener a Steve fuera del camino, John reorganizó la compañía, construyendo una estructura aún más funcional. El equipo de Macintosh ya no era una unidad separada ni autónoma, sino que se había convertido en parte de un nuevo grupo de desarrollo de producto bajo el mando de Del Yocam, un VP que hasta donde sé, tenía muy poca experiencia en desarrollo de productos.

Sería fácil ver este episodio esencialmente como una batalla por el control entre dos ejecutivos. Pero iba mucho más allá. Era un caso de estudio de lo que pasa cuando una compañía no tiene una estrategia de producto coherente y está organizada funcionalmente en lugar de grupos de productos diferenciados.

Los principios de *Liderazgo* que se ofrecen en este libro no se me ocurrieron gradualmente a lo largo de los años. Con mis antecedentes en IBM y en Intel, absorbí los primeros principios básicos de negocios que Steve pregonaba: la organización basada en el producto, así como la construcción y el mercadeo de artículos para el consumidor y no para el negocio.

El sueño de Steve de convertir a Apple en una compañía orientada al producto estaba muerto. Durante la década siguiente, la compañía sufrió mucho por varias razones; la razón principal era no estar organizada alrededor de los productos. Aunque el pensamiento de Steve estaba muy adelantado al de muchos hombres de negocios de la época, el problema era que él sabía lo que quería, pero no sabía todavía cómo expresarlo y no tenía el suficiente poder para forzar sus ideas en el CEO que él mismo escogió, John Sculley.

Apple seguiría siendo una compañía que no estaba organizada en torno a grupos de producto hasta que regresó Steve.

Al ver todo esto, me di cuenta de que aprender a ser persuasivo es crítico para un líder de negocios. La única manera de asegurar un enfoque guiado por el producto es hacer que esa filosofía sea real en la organización de la compañía.

Y para Steve ¿qué seguía?

Manteniendo
el *momentum*

Inevitablemente todo empresario, todo gerente de negocios y toda compañía pasan por una crisis tarde o temprano. Independientemente del tamaño, desde un individuo que intenta montar un negocio, hasta las grandes corporaciones globales y sus líderes, aparecerán puntos de inflexión cuando los problemas parecen abrumadores y casi insoportables.

En el manual de Steve, toda oportunidad comienza con una necesidad no satisfecha. Si puedes estructurar un producto para satisfacer esa necesidad, se convierte en un producto obligado. Steve había visto el trabajo de Woz como este tipo de oportunidad. Si se diseñaban adecuadamente y se bajaban de costo y tamaño, las computadoras se volverían productos obligados para mucha gente, no solamente para aquellos que se ajustan al perfil del fanático de la tecnología del Homebrew Computer Club[1], sino también para gente como él.

Steve siempre se dio cuenta de que cuando quieres algo con pasión, tienes un poder ampliamente mejor para convencer a otros. El empresario motivado por la mercancía va de producto en producto. "Eso lo hace todo mundo en los negocios", algunos

---

[1] El Homebrew Computer Club era un club de aficionados a las computadoras, establecido en Silicon Valley.

dirán. Pero mientras que la persona orientada al producto siempre está pensando en el siguiente producto para el mercado, la mayoría de los demás en el negocio están pensando en términos de su propia oportunidad personal. Y si eso significa saltar de compañía en compañía, no hay problema.

John Sculley llegó de una empresa en donde el "siguiente producto" significaba más de lo mismo. En Apple, él estaba pensando en términos de la siguiente oportunidad, no en el siguiente producto. Mark Hurd, el ex-CEO de HP, pasó por tres compañías en ocho años, pero nunca desarrolló un producto. Él no es la excepción. Deténganse a pensar en eso. Es muy común en líderes de compañías tradicionales.

Rehaciendo una compañía... de la forma equivocada

En el otoño de 1985, Steve Jobs, la máxima expresión del hombre de producto que no quería saltar de compañía en compañía, estaba en crisis. Valiendo 200 millones, no se sacaba la espina de que ya no estaba en la empresa que había cofundado. El proyecto de Macintosh que creía tan profundamente que cambiaría la naturaleza de la computación, le había sido arrebatado.

Yo no solamente estaba devastado de que Steve hubiera dejado Apple; me preocupaba de que otros ingenieros de alto nivel se fueran con él, lo cual tendría un impacto devastador en el desarrollo de productos de Apple. John también se arrepintió de que se fuera; todos los ejecutivos de Apple y miembros del consejo oyeron que John en su momento y años después lo reconoció públicamente.

Al mismo tiempo, yo sabía que tenía que defender lo que creía y decidí decirle a algunos miembros del consejo de Apple que estaban cometiendo un gran error. Comencé con Mike Makkula y me pasé como una hora en el teléfono expresando mi posición. El grupo de Mac necesitaba escindirse como una compañía separada a cargo de Steve. Su reacción fue que Steve era "muy inmaduro".

Me reuní con Arthur Rock en su oficina, muy oscura, en San Francisco. Arthur me agradeció que fuera. Escuchó mi posición, hizo muy pocos comentarios, pero dijo que tomaría mis sugerencias en consideración en el momento de las deliberaciones del consejo sobre qué hacer. Volé de regreso y me reuní con Henry Singleton, también miembro del consejo, en su oficina de Los Ángeles. Su reacción fue como la de los otros dos.

Unos días más tarde, Steve me invitó a comer a su casa en Woodside. Vivía en una casa de 1400 metros cuadrados, la cual, hasta donde yo pude ver, casi no tenía muebles, parecía que solamente usaba una parte. La comida —ensalada con humus, muy adecuada a sus hábitos budistas— la había preparada su cocinera y sirvienta. La invitación era aparentemente una forma de dar las gracias.

Él dijo que mis peticiones al consejo lo habían ayudado a tomar la decisión correcta. John Sculley convocó a una junta intentando que todos los VPs de Apple le prometieran lealtad como CEO. Yo me rehusé y en cambio, prometí lealtad a Apple, sus empleados y accionistas.

John me citó en su oficina unos días después y me dijo: "Dime por qué no te debería despedir. Le dijiste a varios miembros del consejo que estaba cometiendo un gran error sobre Steve." Yo respondí que pensaba que el desacuerdo entre él y Steve era ridículo. Además, Apple tenía dos compañías, Apple II y Mac. Esta última era el futuro de la compañía, y había nacido de la visión de Steve. John necesitaba encontrar una forma de manejar lo que le quedaba de vida tecnológica a la Apple II y dejar que Steve preparara la Mac para que se apoderara del mercado.

John no me despidió, y en cambio me pidió que lo ayudara a mantener a Apple unida. Le dije: "Si un mesías se ha ido, puedes traer a otro. Llama a Steve Wozniak. Vuélvelo a involucrar." Lo hizo, y por un tiempo dio a los empleados de Apple esperanza en el futuro de la compañía.

• • •

En cuanto a convencer al consejo, luché una batalla cuesta arriba. Steve nunca jugó la política de la oficina; no estaba en sus genes o en sus jeans. En cambio, John era un CEO con un prominente historial en los negocios, un ejecutivo en el que Wall Street confiaba; era una decisión fácil para el consejo. Por supuesto que Steve era el cofundador, pero no era ni cortés ni respetuoso y no había garantías de que la Macintosh se convirtiera en lo que Steve prometía. Las ventas estaban muy por abajo de lo que había proyectado. Y de cualquier manera, Sculley y el consejo no estaban cancelando a la Mac. Si la Mac prometía, algún otro gerente de Apple podría tomar las riendas y mantenerla viva. En consecuencia, no cambié la opinión de ninguno de los miembros del consejo, o por lo menos, no lo suficiente para hacer una diferencia.

Steve había hecho crecer a Apple de la nada a una compañía de 2 billones de dólares, que estaba en el lugar 350 de las 500 de *Fortune*. Sobre la fortaleza de la Mac, la compañía creció cinco veces mientras él estuvo fuera. A pesar de esto, él todavía piensa que lo que pasó en esa época dañó mucho a Apple, particularmente a sus consumidores.

El problema, como Steve lo dijo en una entrevista histórica para el Instituto Smithsonian, no era el rápido crecimiento, sino el cambio de valores. Ganar dinero se volvió más importante para Apple que el producto. La nueva gerencia estaba aplicando prácticas estándares de negocios a una compañía impulsada por el producto que se enriquecía por su diferencia y su innovación.

Es cierto que Apple generó ganancias increíbles durante cuatro años, pero el nuevo foco costó finalmente más que lo que benefició a la compañía. Steve sintió que Apple debía haber buscado utilidades razonables mientras se concentraba en un gran producto para aumentar su participación de mercado, y que esa estrategia hubiera dado a la Mac un tercio o más del mercado de las computadoras personales. En cambio, las computadoras que utilizan Microsoft Windows se apoderaron.

Recuperándose del desastre

Steve vendió todas sus acciones de Apple, menos una, cambiando su valor de 200 millones a 200 millones menos impuestos en su bolsillo. Me dijo que no tenía planes en particular pero estaba pensando que le gustaría ser un viajero por el mundo, yendo de un lado a otro. Y entonces tomó un avión a Italia.

Durante las siguientes semanas, la empleada de Apple y amiga personal de Steve, Susan Barnes Mack lo estuvo llamando pidiéndole que regresara, diciéndole que la gente estaba muy a disgusto sin él.

Steve no era capaz de vivir una vida sin hacer nada. Llamó un día, después de seis u ocho semanas, para decir que estaba de vuelta.

Me agradeció nuevamente por la manera en que me había mantenido a su favor, peleando su caso con los miembros del consejo. Yo no lo había hecho por él, sino porque yo pensaba que su estancia era vital para el futuro de Apple. Él tenía un plan y era serio. "Tratemos una vez más de convencer a los miembros del consejo de que cambien de opinión. Voy a mandar a hacer camisetas que digan «Queremos de regreso nuestros trabajos»." *Demonios*, pensé, *esto es muy inteligente*. Dijo: "Saca a todos los empleados para una concentración y yo les doy las camisetas." Le dije: "No, Steve. Soy un ejecutivo de Apple. No puedo hacer eso". Él dijo algo así como: "Bueno, de todos modos es una buena idea." Estuve de acuerdo.

Manteniéndose en el juego

Durante un tiempo parecía que Steve había renunciado al juego. Eso me sorprendió; no era lo que yo esperaba del Steve que conocía.

Pero no había renunciado. Se convirtió en un modelo sobre cómo actuar en un tiempo de crisis: seguir empujando hasta que encuentres un nuevo camino. Iba a mostrar las agallas y la fuerza que distingue a una persona inspirada por el producto.

Mientras viajaba, Steve había estado pensando acerca del diálogo que tuvo con el profesor de Stanford y Premio Nobel Paul Berg, después de que los dos coincidieron en la mesa en una cena en Stanford en honor del presidente Francois Mitterrand. El profesor le habló de su visión de una computadora personal tan poderosa que los estudiantes fueran capaces de ejecutar experimentos virtuales demasiado complejos para ser llevados a cabo en un laboratorio estudiantil en el campus. Ninguna computadora personal se había siquiera acercado a eso.

En Apple, Steve había sentado las bases para modelos más poderosos de Macintosh. Con la evolución constante de chips más rápidos y discos duros más grandes, la computadora de los sueños del profesor probablemente sería factible.

Cuando regresó, Steve visitó a Paul Berg y le dijo algo como: "Ya hablamos de esto. Me gustaría confirmar que realmente hay un mercado importante en las universidades para el tipo de máquina que describiste." El Profesor Berg le dio a Steve los ánimos que él necesitaba.

La siguiente junta de consejo se dio no mucho después, el jueves 14 de septiembre. ¿Qué les parece esta extraña circunstancia? ¿Se acuerdan que cuando Steve le pidió al CEO interino Mike Markkula que lo hiciera VP de desarrollo de producto y Mike no quiso que Steve tuviera el poder de hacer el tipo de decisiones de producto que implicaría la posición, y que en lugar de eso lo nombró presidente del consejo? Bueno, a nadie se le ocurrió cambiar esto. Cuando los miembros se sentaron en su junta de septiembre, ¿adivinen quién estaba presidiendo en la cabecera de la mesa? Exacto: Steven P. Jobs.

Yo me senté en la mayoría de las juntas de consejo y no me hubiera perdido ésta por nada. La atmósfera era solemne, nada de las sonrisas usuales ni las agradables charlas para ponerse al corriente. Durante los últimos tres meses, la compañía había cruzado por recortes sin precedentes y estaba estancada con grandes problemas de ventas y finanzas. Nadie sabía qué esperar. Me parecía que todos los miembros del consejo estaban nerviosos. O tal vez era algo más. Los miembros del consejo habían oído el rumor de que Steve planeaba comprar la compañía. Y si lo hacía, ¿tomaría decisiones que llevarían a Apple Computer a la ruina? Los miembros del consejo tenían que preservar la integridad de la compañía. Y por supuesto cada uno de ellos tenía suficientes acciones en la compañía para generar un cambio notable en sus estados financieros personales, si ésta no sobrevivía.

Los ejecutivos presentaron los reportes acostumbrados de ventas, inventarios y demás. El panorama era desolador. Las ventas seguían hundidas. Apple estaba claramente en problemas, sin una solución a la vista a corto plazo. La moral de la compañía estaba en su punto histórico más bajo. Es increíblemente doloroso ver a buenos amigos cruzar la puerta con una caja conteniendo sus pertenencias. Y es doloroso preguntarse: "¿Soy el siguiente?"

Después de los reportes, era el turno de Steve. Tenía una solicitud que tomó a todos por sorpresa. No pretendo recordar sus palabras exactamente, pero la esencia fue la siguiente: "Voy a comenzar mi propia empresa. No voy a competir con Apple. La mía va a ser una computadora para el mercado universitario. Quiero llevarme a algunas personas de niveles bajos." Hasta ahí es lo que yo sabía. Lo siguiente me sorprendió tanto como a los otros: "Y quiero que Apple invierta en mi compañía." Casi pude escuchar un suspiro de alivio de todos lados. No hubo acusaciones, no hubo enojos ni emociones. Después de algunos minutos de discusión, el consejo acordó que John y Steve se reunirían para ver cómo podría funcionar. Estaba oscuro cuando salimos del edificio. La junta de tres horas se había prolongado hasta las diez de la noche.

Steve se reunió con John temprano al día siguiente con los nombres de la gente que había estado de acuerdo con irse con él a su nueva compañía. La lista incluía algunas personas del área de negocios como Rich Page y Dan'l Lewin. John me llamó para ponerme al tanto de la conversación y dijo: "Parece un buen trato para todos."

Traté de explicarle: ellos no eran gente de bajo nivel. Rich había estado trabajando en la futura Mac que esperaba tener una pantalla de millones por millones de pixeles, además de una memoria y un disco duro muy grandes. Y Dan'l era nuestro hombre clave en el mercado educativo, a cargo del programa "Los niños no pueden esperar", que donaba computadoras Apple II a las escuelas. También manejaba el Consorcio de la Universidad de Apple, el programa que ofrecía grandes descuentos a profesores y estudiantes universitarios.

Le dije a John: "Steve dijo que no va a competir, pero esta gente es clave." Además de generar un problema real, enviaría una señal negativa a los empleados restantes. Eventualmente el trato funcionó permitiendo que Steve montara su nueva compañía sin llevarse ningún empleado adicional.

Steve arrancó NeXT Computer Inc. —inicialmente se escribía Next— y se puso a trabajar para crear lo que era para efectos prácticos la nueva generación de Macintosh que le hubiera gustado hacer con Apple. Él demostraría que podía hacer lo que le había dicho a los demás que era capaz de hacer: fabricar un gran producto incluso afuera de la protección de Apple.

Cuando Steve Jobs comenzó NeXT, pensé (después de que se me empezó a pasar el enojo de que se hubiera ido): "¿Qué otro nombre, sino NeXT hubiera podido expresar tan bien la filosofía de negocios de Steve?" Sí, es incansable, pero también sabe que las cosas no están estáticas en el negocio, especialmente en el negocio de la tecnología.

En los años recientes, la carrera de Steve había ido en extraordinario ascenso, aunque, como hemos visto, ha tenido serios tropiezos en su camino. Lo que sea que haya pasado en determinado momento, la historia de Steve ha sido consistente desde el principio: una saga de la "siguiente gran cosa" después de otra. Sin embargo, para ser honestos, no estaba seguro de que Steve tendría éxito. Nadie lo estaba; ni siquiera Steve. Me dijo que estaba muerto de miedo.

Creando productos que reflejen los principios del creador
¿Quién puede decir qué de todo esto es lo más notable?: ¿Que Steve no pusiera un pie en el campus de Apple durante diez años? ¿O que la plataforma computacional de NeXT estableciera las bases para la nueva generación del sistema operativo de Macintosh? ¿O que mientras diseñaba una estación de trabajo que se vendería en una cifra de seis dígitos, muy por arriba del alcance de la mayoría de los individuos, a fin de cuentas dirigiría a Steve hacia lo que se convertiría en su llamado final: diseñar para el consumidor?

Pero más importante que cualquiera de estos avances fue la cultura corporativa que había generado en NeXT. En lo que después se convertiría en el mapa para Apple, Steve aplanaba las jerarquías, brindaba beneficios generosos, replanteaba al personal como "miembros" en lugar de "empleados" y supervisaba una oficina de espacio abierto que encarnaba físicamente lo que para él era una nueva manera de trabajar. Su poderoso equipo de expertos técnicos, gerentes de producto y gente de mercadotecnia en NeXT fue el resultado directo de esta cultura anti convencional. Muchos de ellos jugarían un papel importante posteriormente en Apple.

Siempre consideré este período como el "exilio de Steve en la isla de NeXT", aunque era su sustituto de Apple. Él mantenía viva su visión del futuro de Macintosh. La computadora NeXT iba a ser la siguiente generación de la Mac.

Mientras tanto, en Apple, Steve seguía siendo una presencia invisible. Aún los empleados que llegaron después de que se había ido no podían evitar sentir su huella. Un empleado que nunca conoció a Steve, me lo dijo de esta manera: "Tenía una sensación de que era todavía su compañía. Había la misma penetrante sensación de orgullo, energía y pasión y la historia de Steve Jobs se mantenía viva en muchas personas que habían estado bajo su liderazgo."

¡Vaya objetivo al cual aspirar! Crear un aura tan fuerte que la gente que nunca nos conoció aún sienta nuestra presencia después de irnos.

Aceptar retos improbables

Se necesitan agallas para estar contra la pared y aún así estar dispuestos a aceptar un nuevo reto, de esos que todos los estudiantes de las escuelas de negocios considerarían temerario.

Mientras Steve estaba tratando de convertir la computadora NeXT en la máquina de sus sueños, se atravesó con otra poderosa computadora para un uso especializado. El hombre que había estado pagando las facturas buscaba descargar todo el paquete: todo el equipo de gente más la tecnología de la computadora y el *software* que habían creado.

Ésta era la unidad de animación de gráfica digital de Lucasfilm, el estudio de cine de George Lucas en Marin County, California. Lucas quería deshacerse de la unidad con el fin de reunir dinero para solventar su acuerdo de divorcio y Steve habló de eso con él. Había otros interesados dando vueltas, incluyendo el magnate corporativo y alguna vez candidato presidencial, Ross Perot, quien había vendido su firma, EDS, a General Motors en un trato que le había otorgado un asiento en el consejo de GM. Perot estructuró una transacción para adquirir la operación de Lucas en un esquema tripartito entre Philips, EDS y Lucasfilm. El trato se había fijado, luz verde por todos lados, cuando Perot, en una junta de consejo de GM, acusó a la gerencia de incompetencia, y se convirtió súbitamente en persona *non grata*. Su autoridad para hacer tratos a nombre de GM fue cancelada. La unidad gráfica de Lucas de repente estuvo disponible y Steve entró al juego. Para mí esto era muy sensato; Steve y yo habíamos hablado de su amor por las películas. Parecía una perfecta integración combinar su talento para la tecnología con la producción de cine. Creo que al pasar de los años, veremos a Steve involucrar a Apple en esto de gran forma.

La unidad de gráficos era, por supuesto, lo que después se conocería como Pixar; el nombre estaba en español "falso", quería significar "hacer películas". La unidad era dirigida por dos pioneros de la animación por computadora de Nueva York, el Dr. Ed Catmull y el Dr. Alvy Ray Smith. Su objetivo, su sueño inicial, mucho antes del nacimiento de Pixar, era crear el primer largometraje animado hecho completamente en computadora.

Un tercer miembro del equipo era el brillante animador de Disney, John Lasseter, contratado para hacer cortos que mostraran las amplias capacidades de la nueva animación por computadora que la unidad había estado desarrollando. (Por alguna razón, muchos libros y artículos en el tema felicitan a Steve por haber sido tan inteligente de contratar a Lasseter, cuando el crédito pertenece a los dos fundadores. En el momento de que Steve cerró el trato, Lasseter ya era parte del equipo).

Unos años antes, en la época en que Steve empezaba a tener problemas con Apple, Lasseter había causado sensación en Siggraph, la convención anual de la más prominente organización de gráficos animados por computadora. Lo que ganó todos los comentarios positivos fue un corto, escrito y dirigido por Alvy y animado por Lasseter, llamado *André y Wally B*; increíblemente, duraba sólo noventa segundos.

En esa época, las limitaciones de la animación por computadora eran muy obvias. No se podían comunicar emociones con la cara de los personajes, lo cual hacía imposible contar historias sutiles. La animación por computadora se utilizaba para efectos especiales o en cortos que usaban imágenes abstractas y caleidoscópicas. Pero *André y Wally B* de Smith y Lasseter contaba una historia que captaba la emoción del público; iba más allá de lo que nadie en la industria había hecho.

Después de que Steve había capitalizado el desprendimiento de la unidad de animación de Lucas, comenzó a darse cuenta de que ni a Ed Catmull ni a Alvy Ray Smith les interesaban las computadoras; las veían como simples herramientas para crear animación digital. Esto era verdaderamente irónico porque Steve pensaba que había adquirido el control en una compañía de computadoras gráficas, mientras que los fundadores veían las computadoras esencialmente como herramientas para tener una forma más poderosa para contar historias. Steve pretendía alcanzar su objetivo de encontrar clientes que necesitaran computadoras de gráficos avanzados, eventualmente abrir oficinas de ventas en siete ciudades y, una vez más, demostrarse que era un hombre que no hacía cosas a medias.

Parte del reto para el equipo de Pixar era que la tecnología de las computadoras no había avanzado tanto como para que fuera posible realizar un largometraje con ese medio. Pero cada día las posibilidades se acercaban. Y cada año, Lasseter y su equipo mostrarían los últimos avances de la Computadora de Gráficos de Pixar y su *software*, produciendo un corto que presentarían en Siggraph. En la reunión de 1986 en Dallas, estrenaron *Luxo Jr.*, una historia de animación muy diferente a lo anterior. John Lasseter dirigió y animó el corto, cuyos personajes son dos lámparas de escritorio asombrosamente expresivas, una grande y otra pequeña. En homenaje al triunfo de ese corto, y lo que eventualmente abriría para Pixar, una lámpara del estilo de Luxo abre los créditos de todas las películas de Pixar.

Luxo Jr. era un avance tecnológico, como siempre con Pixar, que comunicaba la emoción aún mejor que en los anteriores esfuerzos de la compañía. La tecnología de animación por computadora finalmente se usaba al servicio de la narración.

Las seis mil personas que vieron la *première* dieron un "prolongado y entusiasta aplauso". El corto ganó un Golden Eagle en el festival CINE de Washington, D.C. y una nominación al

Oscar por el mejor corto animado, haciéndolo la primera película animada por computadora que recibiera ese reconocimiento. Aunque no lo ganaron, Ed Catmull todavía siente que *Luxo Jr.* fue el punto de quiebre de Pixar y de la animación por computadora.

Manteniendo el momentum *en vista de las fallas*
El verdadero don de Steve es su capacidad de refinar los productos del consumidor. Es un gran editor y artesano cuya filosofía principal es "menos es más". Saca elementos innecesarios de los productos complicados o con más ingeniería de la indispensable, revelando lo que realmente los hace útiles y emocionantes. También tiene un gran sentido de cuándo es el mejor momento para un producto. Ha demostrado una y otra vez que sabe lo que quieren los consumidores. Cuando se aleja de esto se mete en problemas. Cuando se mantiene firme en sus fortalezas, siempre sale ganador, sin importar lo grande que sea el reto que enfrenta.

Steve estaba realmente en problemas cerca de 1988. Pixar y NeXT generaban ingresos, pero no estaba cerca de lo que se necesitaba. Dadas las débiles ventas de ambas compañías, la cantidad de efectivo que Steve tenía que transferir del banco cada mes para mantenerlos a flote estaba convirtiéndose en una carga al ir disminuyendo su patrimonio. Solamente para Pixar, aunque el ingreso de licencias del *software* gráfico, la producción de comerciales de televisión y la venta de las computadoras de Pixar (principalmente a Disney y a compañías de gobierno) cubría la mitad de los gastos, Steve enviaba transferencias bancarias rutinariamente de 300 000 a 400 000 dólares *al mes* para mantener la compañía andando.

Esa primavera, Steve se sentó con Ed Catmull, Alvy Ray Smith y un par de ejecutivos de Pixar para su junta de operaciones mensual. La gente de Pixar no se imaginaba lo difícil que iba a ser.

Steve puso claro que se había estirado hasta el punto de reventar y que no podía aguantar el mismo nivel de salida de efectivo.

Pixar tenía que reducirse. La plana mayor de Pixar estaba devastada. Los cortes destruirían el súper equipo de animación que habían construido durante muchos años, fundado a mediados de 1970 y reconocido como el mejor del mercado.

Sin embargo, se tenía que hacer. Pero ¿a quién despedir? La discusión era sombría y parecía estirarse interminablemente. Una vez que acabó, Steve tuvo que salir de la junta pero el VP de ventas y mercadotecnia de Pixar, Bill Adams, tenía otro punto importante que tratar. Si Pixar se presentaba en el próximo Siggraph sin su nuevo corto animado, demostrando que el *software* de Pixar podía usarse para crear animación digital de manera mucho mejor que el año anterior y mucho mejor que cualquier otra compañía, era seguro que comenzarían los rumores. La gente empezaría a preguntarse qué estaría mal. Se cuestionaría: "Si compramos el *software* de Pixar hoy, ¿seguirán en el mercado en un par de años, dando apoyo y mejoras?" Las ventas se verían seguramente amenazadas.

A pesar de la inhóspita imagen financiera, costear el nuevo corto sería crítico para el futuro de Pixar. Sin él, las cosas irían de mal en peor. Cuando Bill y los demás terminaron, Steve permanecía sentado. No era difícil adivinar lo que pasaba por su mente.

Finalmente preguntó si había algo que él pudiera ver. Sí, había algo. John Lasseter había creado unos asombrosos *storyboards* que capturaban el tono gráfico y el sentimiento. A él le gustaría que fuera el próximo proyecto de Pixar, *Tin Toy*. Steve estaba debidamente impresionado y después de mucha deliberación hizo su propia decisión de agonía en la que a pesar de sus problemas de flujo, financiaría la producción. Resultó ser una de las mejores decisiones que hubiera podido tomar.

Cada nuevo corto de Pixar abría una nueva brecha. La considerable novedad que *Tin Toy* tenía en la época residía en animar convincentemente a su personaje principal, un niño. Hasta ahora, muchos dudaban que se pudiera poner una expresión emocional en los rostros humanos. La realización de *Tin Toy* demostró que estaban equivocados. En esta ocasión, el corto ganó el Oscar al mejor corto animado.

Doscientos millones de dólares, su banca personal apoyada por Apple, suena a mucho dinero. Es mucho dinero. Sin embargo, Steve estaba viendo su cuenta disminuir a una velocidad alarmante.

Si Steve no hubiera puesto de su dinero para los fondos de la producción de *Tin Toy*, lo que siguió nunca hubiera sucedido. Las cabezas de Disney habían empezado gradualmente a creer que la animación en computadora tenía lugar en el estudio de *Blanca Nieves* y la *Cenicienta*. Después de varios acercamientos de los ejecutivos de Disney, el equipo de Pixar apareció en una junta en sus oficinas con una propuesta para que ellos produjeran un programa de televisión de una hora. La gente de Disney sorprendió a todos al darle la vuelta a la idea de la televisión y contra ofertando para que Pixar produjera un largometraje animado.

Una serie de reuniones en el estudio llevaron a lo que Ed Catmull y Alvy Ray Smith habían soñado durante tanto tiempo: Pixar estaría produciendo, para que Disney lo presentara, el primer largometraje animado por computadora del mundo.

Es una realidad que siempre necesitas estar preparado para lo inesperado. El equipo de Pixar no había anticipado que se les solicitaría desarrollar un largometraje, aunque hubiera sido su objetivo durante años.

El corto con el primer concepto que Lasseter presento a Jeffrey Katzenberg de Disney tenía el título de *Toy Story*. No quedó mucho de la historia original ni de los personajes en la película, pero el título, por supuesto, llegó al final. Katzenberg —la cabeza de los estudios de Walt Disney, bajo el mando del CEO, Michael Eisner—, podía ser complicado cuando se trabajaba con él: era un tirano y hasta el mismo se decía así, presumiendo de ello. Pero resultó ser un buen mentor y consejero creativo para Lasseter y su equipo. Nunca dijo: "Hagan esto", sino: "Esto no funciona." Al revisar las escenas de la película, si sentía que la historia se empezaba a caer, le diría a Lasseter: "Ahí el espectador se está saliendo por palomitas."

Durante los largos meses de producción, incluyendo un período de unos cuantos meses en los que Disney ordenó que se detuviera la producción hasta que Lasseter y su equipo pudiera llegar con soluciones sólidas para algunos problemas creativos, como que el personaje de Woody fuera muy negativo o antipático, los costos se siguieron apilando. Eventualmente el presupuesto rebasaba el límite de los 6 millones de dólares. Disney insistió que Steve asegurara que la película se terminaría, tomando una línea de crédito de 3 millones de dólares, usando sus bienes personales como colaterales.

Steven empezaba a arrepentirse del trato con Disney; incluso empezaba a pensar si hubiera sido mejor no haber comprado Pixar. Dados los costos superiores a lo previsto, las finanzas de *Toy Story* comenzaban a verse como un desastre. A menos que la película recaudara más dinero que las últimas películas de Disney, Steve nunca recuperaría su inversión. De hecho, tendría que ser un éxito de taquilla, recaudando al menos 100 millones de dólares, para que Steve viera ingresos.

Lo peor es que ahora se daba cuenta de por qué la gente de Disney se había vuelto tan insistente en querer retener todo el ingreso de los periféricos: los juguetes, los muñecos, las camisetas, la franquicia con las cadenas de comida rápida y todo lo demás. Incluso, si la película no ganaba dinero, Disney podía tener una buena entrada con todas esas fuentes. Steve estaba ganando sabiduría sobre las formas de Hollywood, aunque el aprendizaje le estaba saliendo caro.

Y entonces, de pronto, hubo una vuelta de tuerca. El equipo de novatos de Steve, situado ahora en las grandes ligas de la producción de cine, había demostrado que pertenecía a este medio. Michael Eisner había decidido posponer el estreno de *Toy Story*. En lugar de la fecha propuesta, la película saldría en navidad. La cereza en el pastel: Eisner la llamó "una película tanto espectacular como adorable."

El proceso tardó cinco años desde la firma del contrato a la *première* de *Toy Sory*, pero para todos los involucrados, valió la pena la lucha y la espera. Mucha gente había sido escéptica de que una compañía dirigida por Steve Jobs, el tecnólogo, pudiera producir una obra de arte digna de reconocimiento. Esas sospechas estaban basadas en un malentendido. El trato de Pixar desde el principio había sido que Steve se encargaría de todas las negociaciones y que el equipo original tendría un dominio absoluto sobre las decisiones creativas.

Después del estreno, en la semana del Día de Acción de Gracias de 1995, la película había recibido grandes elogios de los críticos, los padres, los niños, públicos de todo tipo alrededor del mundo. Una película que eventualmente costó alrededor 30 millones reunió 190 millones en Estados Unidos y un total de 300 millones globalmente. Estableció a la productora Pixar como una estrella en el firmamento de Hollywood.

Mientras escribo esto, en 2010, Pixar es única entre los estudios de Hollywood. Es el único estudio importante que nunca ha perdido dinero en ninguna producción. Y todo esto porque Steve Jobs, de algún modo en contra de su juicio, accedió a financiar esos primeros cortos de Pixar.

Durante la época de producción de *Toy Story*, el resto del equipo de Pixar se concentró en dos frentes: mejorar sus computadoras gráficas y seguir el desarrollo de *software* de animación. La Computadora de Imágenes de Pixar era un gran producto para cualquiera que necesitara manejar tanto imágenes de gran tamaño o detalle, como documentos. Steve estaba convencido de que podría convertir esta computadora en algo comercial.

Pero ¿en dónde estaba el mercado? Lanzada inicialmente en 1986, la máquina requería una inversión de casi 200 000 dólares antes de que empezara a trabajar. Y aunque era muy buena en lo que se suponía que hacía, era muy difícil de operar, especialmente para alguien que no era un versado en tecnología.

La compañía hizo un esfuerzo concentrado para vender la Computadora de Imágenes a la industria médica. Pero los doctores y otros profesionales de la salud que vieron el demo, casi uniformemente decidieron que tomaría mucho tiempo aprenderla a usar. Los equipos de los hospitales y de las clínicas estaban ya muy ocupados. Tres *strikes* y estás fuera. La computadora de Pixar era muy cara, muy difícil de usar y para un mercado muy limitado. La compañía había vendido menos de trescientas máquinas. Steve se rindió en 1990 y vendió el negocio de *hardware* a una compañía llamada Vicom por 2 millones de dólares. Vicom quebró al año siguiente.

Cuando se lanzaba la computadora de NeXT, Steve ofreció otra demostración de su compromiso en crear no solamente el *hardware* sino también el *software*. Había hecho eso para la Macintosh y ahora lo había vuelto a hacer para esta empresa, cuando sus ingenieros fabricaron un singular sistema operativo.

Dos años después, Steve lanzó una máquina más avanzada, la NeXT Cube. Ambas máquinas, la original y el cubo eran estaciones de trabajo especializadas y caras, dirigidas principalmente al mercado académico y a usuarios de alto nivel.

Como todos los grandes empresarios, Steve es un malabarista maestro quien casi siempre está trabajando en proyectos aparentemente desvinculados. Esas grandes cosas por venir tienen una forma de demostrar eventualmente que son parte de una estrategia unificada, aunque eso no aplicó de la misma manera cuando manejaba NeXT y Pixar simultáneamente.

NeXT no era uno de los capítulos felices de la carrera de Steve. La computadora era un típico salto cuántico. Era mucho más alabada y admirada, pero producía ventas modestas. La máquina tenía mucho más capacidad de almacenamiento y una pantalla más grande y clara que otras computadoras personales de la época, incluyendo las Macs. Los conocedores estaban entusiasmados y, de hecho, el primer navegador de red y el primer servidor fueron creados por el pionero de internet Tim Berners-Lee en una NeXT Cube en 1991. Esto le daba un pedigrí impresionante.

Aunque originalmente su intención era que se usara en el ámbito de la educación, la NeXT vendió suficientes unidades para ser un éxito menor en algunos mercados de nicho. El hombre a cargo de la mercadotecnia, Burt Cummings, describía a la computadora NeXT de la siguiente manera: "Excelencia en ingeniería. Tenía especificaciones muy estrictas en todo el diseño. No había desperdicio en la inversión. Una coraza de magnesio para la unidad de CPU, un bello acabado negro. Un disco óptico magnético con tecnología de punta. Una fantástica interfaz con el usuario, con un bello sistema operativo, pero..."

El "pero" es que sufría de dos de los inconvenientes de la Macintosh original: simplemente era muy cara —unos 10 000, mucho más que las primeras Macs; tan malo, si no peor era que los desarrolladores no se animaban a crear aplicaciones para la plataforma NeXTStep. Parte de las razones eran nuevamente financieras. El costo de desarrollo de programas bajo el sistema original de NeXTStep era enorme, llegando, me dijeron, a los millones de dólares; demasiado en vista de las ventas mediocres que representarían a un desarrollador de *software*, quien se hubiera comprometido a un financiamiento tal que no tendría mucho mercado potencial; la posibilidad de ver un buen retorno de inversión era muy baja.

La conclusión de Burt Cummings: "Pues esencialmente estaba muerta antes de nacer. Fue diseñada para el mercado universitario, pero era muy cara. Es fantástica construirla por la belleza, pero necesitas conocer tu mercado."

Sin embargo, el VP de Pixar Bill Adams ofrece otra perspectiva. "Si NeXT se hubiera hecho en Apple, hubiera tenido éxito", porque ahí él hubiera tenido el respaldo de una compañía establecida y comprobada que hubiera respondido al producto con promoción, publicidad, conexiones industriales y confianza al consumidor. Y ésa no era solamente la opinión de Bill; cuando tocó el tema con Steve, "lo admitió conmigo", dijo Bill.

Con el tiempo, Steve simplemente se enfrentó con la dura realidad de que sus computadoras NeXT, a pesar de tener las ventajas de ser rápida, con gran arquitectura y gran vista, eran demasiado caras para las compañías que la codiciaban.

Era un trago amargo, pero tal como lo tuvo con las computadoras Pixar, cerró la manufactura de las máquinas NeXT, y se concentró en vender copias del sistema operativo NeXTStep. IBM mostró un interés serio en licenciar el producto para que corriera en sus equipos. Parecía que el trato rescataría a NeXT. Un equipo de IBM se presentó para proporcionar una oferta a Steve, le pusieron un contrato de cien páginas enfrente. Me dijeron que lo recogió, lo tiró al bote de la basura y les dijo que él no firmaba contratos que fueran más largos de tres o cuatro páginas. Antes de que IBM pudiera llegar a una solución de tres o cuatro páginas, el hombre en IBM que había llevado el proyecto dejó su puesto. Nadie más en IBM se interesaba en el *software* de Steve.

Las historias de NeXT y de Pixar son notablemente similares. Steve era conocido por su trabajo en la construcción de *hardware* pero había bateado dos *strikes*. La computadora de gráficos desarrollada en Pixar era un producto que se dirigía al mercado de negocios. Cuando compró inicialmente la compañía, Steve no se había dado cuenta de que su fortaleza principal estaba en los productos para el consumidor, y no en el equipo para negocios.

Irónicamente, Pixar termino siendo una compañía que elaboraba productos de consumo —películas animadas— aunque esta dirección no siempre estuvo clara. Se transformó de una compañía pequeña de servicios digitales gráficos a un negocio de entretenimiento, una de las grandes historias de éxito de las décadas recientes. Tal vez en este caso, Steve simplemente se tropezó con su siguiente gran proyecto por pura suerte. Pero, como siempre, la suerte favorece al preparado. Al evolucionar las cosas, Pixar redefinió la industria del entretenimiento, y lo que Steve no era capaz de ver al principio, seguramente lo captó a su debido tiempo.

Encontrando un estilo empresarial

Que Lasseter y Katzenberg hayan sido capaces de trabajar juntos con éxito funciona como un recordatorio: no hay dos empresarios iguales; cada uno tiene su propio estilo personal, y los estilos en conflicto *pueden* encajar.

Los verdaderos líderes empresariales están siempre mirando el horizonte en búsqueda de la siguiente oportunidad. Esta indagación los mantiene con vida, y a veces descubren su verdadera misión en el camino, como sucedió con Steve.

A mí siempre me fascinaron los estilos diferentes de la gente que ha construido grandes empresas. Una vez me acerqué al fundador de JetBlue Airlines para preguntarle de un producto que desarrolló para mantener las computadoras portátiles de los pilotos sincronizadas con la base de datos usada en el aeropuerto para obtener la información de la ruta, el clima, etcétera. Me sentí atraído a JetBlue por su creatividad. Sentí que habían redefinido el viaje en avión (de hecho, me echaron a perder desde el principio; no volví a viajar sin una TV en mi asiento).

Cuando conocí al fundador de JetBlue, David Neeleman, lo reconocí como alguien del tipo de Steve Jobs. Había comenzado previamente Morris Air, la vendió a Southwest Airlines y pasó a manos del CEO de Southwest, Herb Kelleher; Neeleman, como Steve Jobs, había salido con sus cosas. De acuerdo con este panorama, fundó JetBlue, pero en 2007 lo expulsó el consejo.

Entonces ¿qué es lo que pasa con esos empresarios que tienen esa clase de reveses? Se levantan y empiezan todo de nuevo. David había empezado una nueva aerolínea en Brasil, "Azul", que transportó 2.2 millones de pasajeros en sus primeros doce meses, destrozando los récords anteriores para una aerolínea nueva.

¿Por qué en Sudamérica? Porque tienen una de las economías de más rápido crecimiento del mundo. Como lo dijo David, "lo que importa no es lo que pasa en tu vida. Lo que realmente importa es como reaccionas".

Uno de los elementos esenciales de un empresario es el *momentum*, una característica que veo en todos estos líderes. No renuncies, sigue andando, siempre adelante a pesar de los contratiempos, siempre abierto a la siguiente idea. Aprendí eso de Steve y lo he mantenido como un principio guía, un principio que me llevó a crear más de diez productos en los últimos ocho años.

Martin Luther King dijo una vez: "Juzga a un hombre por cómo reacciona al fracaso, no al éxito."

Recuperación

En 1995, Pixar estaba radiante con el éxito de *Toy Story* pero NeXT apenas se mantenía en pie, sobreviviendo sólo porque Steve le seguía invirtiendo grandes cantidades de dinero al mes. Sin embargo, su vida de negocios estaba a punto de dar un vuelco en forma extraordinaria, llevándolo a ser reconocido como, quizás, el mejor director ejecutivo de todos los tiempos.

Tomando en cuenta lo que fueron sus años de juventud, su éxito es casi ridículo, lo cual deja claro que nadie que ha tenido un mal comienzo o comienza tarde debe perder la esperanza de lo que puede conseguir más adelante.

Reconocer oportunidades

En 1971 un vecino llevó a Steve Jobs, quien entonces tenía dieciséis años, a conocer el trabajo manual de un niño del mismo vecindario, Steve Wozniak. Tres años antes, a sus dieciocho años, Woz ya había fabricado su primera computadora con un amigo. En aquellos tiempos, "computadora" para la mayoría de la gente todavía significaba una enorme y compleja máquina, resguardada por unos hombres vestidos de blanco en un almacén con ventilación propia. Los primeros equipos comerciales para fabricación de computadoras caseras simples no aparecerían sino hasta varios años después. Por ello, aunque la versión de Woz de una computadora no podía hacer mucho más allá de prender y apagar unas diminutas bombillas, era un logro impresionante.

Steve de inmediato reconoció a Woz, cinco años mayor que él, como un alma gemela que compartía su pasión por la tecnología. Eran parecidos en muchas cosas y muy distintos en otras, por lo cual resultaron ser el complemento perfecto entre sí.

Desde temprana edad, Steve Jobs había sido una especie de alborotador. Un día una maestra, Mrs. Hill, reconoció que era un joven realmente muy brillante y lo engatusó para que se dedicara con empeño a estudiar, usando dinero, dulces y un equipo para construir una cámara. Steve se sintió tan motivado que incluso elaboró su propio lente. En la entrevista histórica con el Smithsonian, Steve dijo: "Creo que aprendí más académicamente en ese año que en toda mi vida". Valioso testimonio de la transformación que una maestra en particular puede lograr en la historia de un estudiante.

Esa experiencia perfiló a Steve de una forma que resultará sorprendente para muchos. Desde los primeros días de Apple, él puso en marcha programas para que estudiantes y maestros —desde la Primaria hasta la Universidad— pudieran adquirir computadoras con un gran descuento. Esto no era un truco publicitario, sino el resultado de una profunda convicción por su propia experiencia de la infancia en el salón de clases de Mrs. Hill:

> Yo creo firmemente en la igualdad de oportunidades… Igualdad de oportunidades para mí significa, más que nada, la mejor educación… Me duele porque nosotros sabemos cómo ofrecerla. En verdad lo sabemos. Podríamos asegurarnos de que cada niño en este país obtuviera una gran educación, pero nos falta mucho para conseguirlo… Estoy convencido al 100 por ciento que de no haber sido por Mrs. Hill en cuarto grado y unos cuantos profesores más, yo habría terminado en la cárcel. Pude ver

la tendencia en mí mismo de tener cierto tipo de energía para hacer algo. Cuando eres joven, un poco de corrección del rumbo suele tener grandes resultados.

Después de la secundaria Steve insistió en ir a Reed College en Portland. Esto significaría un gran esfuerzo para el presupuesto familiar pero sus padres adoptivos habían prometido a su madre biológica, estudiante de postgrado, que verían por el mejor interés del niño hasta la universidad. Sus intenciones eran buenas pero Steve tuvo que salirse después de cursar sólo un semestre, aunque continuó asistiendo como oyente a ciertas clases por varios meses más.

Regresó a Silicon Valley y consiguió un trabajo nocturno en Atari para ahorrar dinero y poder pagarse un "viaje a Oriente". Steve resurgió de su viaje a la India convertido en un practicante del Budismo Zen además de frugívoro. Volvió a Atari que, si mal no recuerdo, fue el único empleo en el que ha trabajado para alguien más. También se puso en contacto con Woz, quien tenía un trabajo durante el día en Hewlett Packard en Palo Alto y en su tiempo libre desarrollaba tableros de circuitos impresos. Woz era miembro del hoy legendario Homebrew Computer Club, una agrupación de jóvenes obsesionados con la tecnología y las computadoras.

A pesar de su formación contracultural, o quizás gracias a ella, Steve siempre ha sido particularmente astuto para identificar oportunidades de negocios que otros no alcanzan a ver. Así, notó que el trabajo que hacía Woz representaba ese tipo de oportunidad.

Steve había reconocido bastante pronto que cuando se desea algo apasionadamente, se puede utilizar el poder de esa convicción para persuadir también a otros. Algunos años atrás, su familia vivía en un área con una escuela a la cual él no quería asistir y manifestó que simplemente no iría ahí. En sus primeros años de adolescente, logró convencer a sus padres de dejar su casa y cambiarse a un vecindario diferente para poder asistir a la escuela que él quería.

En Homebrew, Steve notó que los compañeros de Woz estaban diseñando esquemas de tableros de circuitos, sin importarles llevar a cabo la construcción de lo que diseñaban. Steve sugirió que Woz construyera tableros y los vendiera a los miembros del Homebrew que no mostraban interés en la construcción de nada.

Woz no se explicaba cómo podrían hacer dinero a partir de ese proyecto. Más tarde recordaría: "No era que los dos pensáramos que llegaríamos lejos con esto. Más bien era hacerlo por diversión y, aunque probablemente perdiéramos algo de dinero, podríamos decir que tuvimos una empresa". Recién inspirado, Woz se embarcó con Steve en la asociación que se convertiría en Apple Computer.

En su autobiografía, Woz revela por qué en realidad necesitaba al imparable Steve. Woz estaba fabricando lo que llegaría a ser la primera computadora Apple y quería utilizar DRAM chips de Intel, pero eran mucho muy caros. Steve dijo que él se haría cargo. Llamó a Intel y convenció a alguien en mercadotecnia de darle los chips, gratis. Woz estaba tan atónito como agradecido. "Jamás habría podido hacer eso. Yo era demasiado tímido", señala. Sin embargo para Steve no había sido gran cosa: unos cuantos años atrás, siendo todavía un adolescente, había conseguido establecer contacto telefónico con el cofundador del Hewlett Packard, William Hewlett, quien estaba tan intrigado que se pasó media hora en el teléfono con él, y lo recompensó ofreciéndole un trabajo de verano en la compañía.

La pasión no es opcional: una lección en el arte de vender

En 1996, con ambas compañías NeXT y Pixar aún drenando capital, la oportuna casualidad que habría de salvar el cuello de Steve y prepararlo para todas las grandes cosas que vendrían, llegó de la fuente menos probable, el último lugar que podría haber esperado.

Apple Computer necesitaba desesperadamente un nuevo sistema operativo. Microsoft Windows, debido a todas sus imperfecciones, estaba sacando nuevas versiones con muy convenientes y atractivas aplicaciones, lo cual alejaba a los clientes de Mac. En ausencia de Steve, Apple parecía haber perdido la habilidad de crear un nuevo sistema operativo interno. Un gran equipo de ingenieros había estado trabajando en el tema, pero evidentemente estaban lejos de alcanzar una solución efectiva, en parte porque la persona que supuestamente estaba a cargo no tenía ninguna autoridad real para hacerlo.

La compañía estaba entonces en manos de Gil Amelio, un experto con Doctorado en Tecnología, quien había logrado un cambio notable en la fabricación de chips de National Semiconductor y fue llamado a Apple por ser especialista en el tema del liderazgo en tecnología y para solucionar los problemas financieros. Cuando resultó claro que los ingenieros de Apple no conseguirían desarrollar un sistema operativo nuevo, Gil empezó a mirar más allá de los muros de One Infinite Loop.

Pronto surgieron varios talentosos candidatos para la tarea central de crear un nuevo Apple OS –en particular de Microsoft. Bill Gates hizo una enorme labor para tratar de convencer a Gil Amelio de que Windows NT podría adaptarse para cubrir las necesidades de su rival de tantos años. Microsoft era un gorila de 500 toneladas, pero la idea de permitir que los ingenieros de *software* que crearon Windows desarrollaran algo tan imperfecto para Apple, era verdaderamente aterradora y caería como un globo de plomo ante las hordas de devotos de Macintosh.

En cuanto a Amelio, la posibilidad más viable era que Sun Microsystems desarrollara una versión de su SunOS diseñada por un anterior ejecutivo de Apple, Jean-Louis Gassée, quien años atrás había reemplazado a Steve en Macintosh.

Para evaluar cada uno de los prospectos, Gil formó equipos técnicos encabezados por tres de sus mejores ingenieros en sistemas: Wayne Meretsky, Winston Hendrickson, y Kurte Piersol. Cada equipo debía presentar una evaluación escrita.

Cierto día a la mitad de este proceso, la Directora de Tecnología, Ellen Hancock, recibió la llamada de un ingeniero de NeXT, quien dijo haber oído que Apple buscaba un nuevo sistema operativo. (De hecho, Steve quizás movió los hilos detrás de aquella escena. Al sospechar que una llamada suya personalmente no sería bien recibida, pudo haber arreglado que ese ingeniero llamara). Ellen le pidió a Winston que, junto con otros dos especialistas, se reuniera con los ingenieros de NeXT y viera de qué se trataba. El equipo pasó tiempo examinando a NeXtStep, y Winston respondió que era una posibilidad digna de considerarse.

Steve había reconocido que NeXT necesitaba desesperadamente una especie de rescate, y un contrato para desarrollar el nuevo sistema operativo de Apple podría ser la respuesta. Quién mejor para dirigir ese esfuerzo que el propio Steve.

Mientras tanto, Amelio tuvo un revés. Las evaluaciones técnicas de SunOS habían sido prometedoras y las negociaciones de Gil con el Director General Scott McNealy habían ido bien. En el último minuto, el Consejo había rechazado la oferta. Eso dejó a NeXT y Be como los contendientes finales.

El escenario estaba preparado para una espléndida batalla entre Steve y Jean-Louis, sobre todo después de que Steve leyera que Gassée ya había comenzado las conversaciones con Apple, una noticia que Gil, estaba convencido, tuvo su origen en una fuga premeditada por parte de Gassée.

El 10 de diciembre de 1996 fue la fecha fijada para el "Duelo en el OK Corral". Steve y Jean-Louis fueron invitados a exponer sus argumentos en una sesión de confrontación, uno a la vez, en el Hotel Garden Court de Palo Alto, ubicación poco común para una reunión, elegida para frustrar a los periodistas.

Steve entró a la sala, tenía a Avie Tevanian, su experto en sistemas operativos, sentado ante una mesa al borde de una instalación abierta en forma de U, enfrente a Gil y a Elena en el otro extremo. El experto en *software* de Apple, Wayne Meretsky, quien se encontraba de lado a mitad de la sala, describe la escena: "La presentación de Steve fue dirigida completamente a Gil como si no hubiera nadie más en la sala. Steve estuvo, como era de esperarse, tranquilo mientras exaltaba las virtudes del OS", marcando los rasgos esenciales que lo hacían apropiado para Apple y demostrando, en una computadora portátil, la forma en que el sistema operativo NeXTStep podía controlar dos películas simultáneamente ... luego desplegó tres más: cinco películas que corren a la vez en una sola computadora. Todos los presentes entendieron lo valioso que resultaría para Apple contar con un *software* capaz de controlar tanta potencia de procesamiento.

Wayne continúa: "Steve hizo una excelente labor, y con su presentación en mancuerna con Avie, demostró una vez más que es sin duda el mejor vendedor y orador en el negocio de la tecnología. Gassée, por su parte, no tenía una ponencia preparada, sólo iba dispuesto a responder preguntas". Había calculado mal pensando que Apple no tenía ninguna otra opción realista excepto su BeOS. No hizo ningún tipo de oferta objetiva que explicara por qué BeOS y sólo BeOS era la solución que Apple necesitaba. Como Wayne Meretsky lo describe: "la decisión de elegir a NeXT en lugar de Be Inc. resultó evidente".

Sin revelar la decisión de Apple, el Director Ejecutivo, Amelio, se puso en contacto con Steve para ver qué tipo de acuerdo podrían hacer. Una vez más, para evitar filtraciones de la prensa, se reunieron en casa de Steve. Gil recuerda: "Steve es un orador talentoso, y esto se traslada a sus negociaciones", pero "promete más de lo que puede ofrecer en un esfuerzo por conseguir que el otro esté de acuerdo". ¿Cuál era la postura de Gil en la negociación? En una variación de la táctica que usualmente Steve había utilizado con John Sculley, dice Gil, su planteamiento fue: "¿Quieres perder el tiempo con NeXT o cambiar el mundo?"

Al final, Apple no firmó con NeXT el contrato para el desarrollo de un nuevo sistema operativo de Macintosh; en su lugar, Apple compró toda la compañía de Steve, ganando los derechos absolutos de NeXTStep, muchos de los mejores talentos de NeXT... y a Steve Jobs, en el papel de asesor del Director General. La gente advirtió a Gil que si permitía que Steve volviera a Apple, Steve pronto le quitaría la compañía. La respuesta de Gil fue que él había tomado la decisión que resultaba mejor para la empresa.

Sólo unos meses más tarde, Gil Amelio se encontraría lamentando no haber insistido en una cláusula adicional en su contrato de trabajo con Apple: que él continuaría siendo presidente durante tres años, o incluso cinco –el tiempo suficiente para poder darle un giro completo a la empresa, restablecer una sana situación financiera, con productos sólidos y un importante flujo de capital. Él sabía que dar nueva vida a la empresa tomaría tiempo. Asumió que el Consejo le daría la oportunidad de lograr que esto sucediera.

Por supuesto, no podía haber previsto, cuando se le ofreció el puesto de director ejecutivo, que Steve Jobs llegaría a estar en condiciones de quitárselo todo. Nadie que conociera a Steve esperaría de él menos que eso.

El eminente y altamente respetado escritor de *Fortune*, Brent Schlender encendió el encuentro con un artículo oportuno bajo un titular incendiario:

"Algo está podrido en Cupertino". El título del encabezado continuaba: "Steve Jobs ha vuelto, con un cambio de estrategia que podría hacer que Apple sea suya una vez más".

No se podía leer el artículo sin tener la sensación de que Schlender se preocupaba mucho por el destino de Apple, y estaba convencido de que Steve era la medicina que la compañía necesitaba. Él escribió acerca de "un juego de poder..., que pone en duda quién realmente dirige la empresa".

Schlender llamaba a Steve "el Svengali de Silicon Valley", impresionado por los términos de la compra de NeXT, con una ganancia para Steve de 100 millones de dólares y 1,5 millones de acciones de Apple. Y su influencia ya se hacía sentir: "Sus huellas están por todas partes en la estrategia de producto y el último plan de reorganización de Amelio, a pesar de que Jobs no tiene una función operativa o incluso un asiento en el consejo".

El clímax fue la predicción de Schendler de que Steve podría estar "intrigando" para hacerse cargo de Apple, citando al mejor amigo de Steve, el director general de Oracle, Larry Ellison, diciendo: "Steve es el único que puede salvar a Apple. Hemos hablado de ello muy en serio muchas, muchas veces".

Independientemente de si Steve alimentara o no a Schlender con materia prima para el artículo, él no podría haber contado con mejor apoyo en su campaña. Steve comenzó a tener conversaciones secretas con los miembros del consejo, prestando especial atención a Ed Woolard, presidente de Dupont y miembro del anterior consejo de IBM. Aunque Woolard había sido incorporado al consejo de Apple por Gil, se había vuelto impaciente con algunas de sus decisiones. Seguramente pesó mucho en Woolard que Steve fuera considerado incapaz de ejecutar una sola operación en Apple –el grupo Macintosh– y que fracasara en convertir a NeXT en una empresa viable. Sin embargo, el poder de persuasión de Steve entró en juego una vez más. En poco tiempo Woolard estaba al teléfono hablando con otros miembros del consejo, explicando su forma de pensar, levantando una encuesta. Tomó un tiempo convencerlos, pero pocas semanas después del artículo de *Fortune*, dos miembros del consejo, incluyendo a Mike Markkula, estaban a favor de dejar que Gil continuara… contra otros tres que habían tomado partido por Woolard. El hacha estaba a punto de caer.

Gil estaba en una reunión familiar el fin de semana del 4 de julio en su casa de vacaciones a orillas de Lake Tahoe, cuando sonó el teléfono. Era Ed Woolard, quien explicó que llamaba "con algunas malas noticias". Le dijo a Gil: "Usted ha hecho mucho para ayudar a la compañía, pero las ventas no han repuntado. Creemos que tiene que renunciar."

Gil aclaró que Apple acaba de informar los resultados trimestrales que superaban las predicciones del analista, y le preguntó: "¡¿Quieres que renuncie justo cuando las cosas están empezando a verse mejor!?" Woolard respondió que el consejo quería "encontrar un director general que pueda ser un gran líder de *mercadotecnia* y de ventas de la compañía". No mencionó que ya habían acordado dejar que Steve dirigiera la compañía como director general interino. Gil no necesitaba que le dijeran que Steve sería su sustituto: había sido advertido.

Steve Jobs, había vuelto y estaba, por primera vez en la historia de la compañía, en pleno dominio. El editor de *Fortune*, Peter Elkind, bellamente describió al nuevo Steve, al Steve de la Toma de Posesión / al Steve gerente de negocios:

> "De inmediato, Jobs excavó en los detalles sucios de la empresa, creando un sentido de urgencia, una drástica reducción de la línea de productos de Apple, y la acelerada reducción de costo al por mayor que volvería a hacer rentable a la empresa. Jobs se había convertido en un mejor líder, un artista menos indeseable, que sólo se preocupaba por hacer objetos bellos. Ahora era un indeseable artista que se preocupaba por hacer objetos bellos que producían dinero. Ningún especialista en ingeniería, ningún diseño era demasiado pequeño para su control".

La observación fue sólo parcialmente correcta. Para Steve, el asunto realmente nunca fue hacer dinero, pero la primera orden del negocio era un llamado para rehacer a Apple en algunos aspectos dolorosos y salvarlo del montón de polvo de las empresas de tecnología fracasadas. Él comenzó a lanzar una dura mirada a cada producto y proyecto en la empresa. De acuerdo al científico en Alta Ingeniería Alex Fielding: "Las reuniones con Jobs fueron sesiones firmes en torno a por qué los proyectos deben sobrevivir". Si no le gustaba lo que oía o no encajaba en su visión de sólo conservar unos pocos productos esenciales, tu proyecto habría terminado y tu trabajo también.

Alex explica: "Gil Amelio tenía una campaña que decía, «Yo estaba allí cuando comenzó el resurgimiento»...". Irónicamente, él tenía razón en algunos aspectos, tomando en cuenta que fue la fusión de NeXT lo que trajo a Jobs de nuevo. Sin embargo, muchos empleados tomaron la etiqueta de: "Yo estaba allí cuando comenzó el resurgimiento" y la cambiaron a: "Yo estaba allí cuando comenzaron los despidos".

Winston Hendrickson, el ingeniero de *software* que originalmente había llegado de vuelta a NeXT con un informe positivo sobre su sistema operativo, estaba todavía en Apple. Recordó que en el primer semestre de 1997, había curiosidad en cuanto a lo que significaba para Steve ser "consultor" de Gil y la especulación de que la transición del liderazgo a anteriores ejecutivos de NeXT, indicaba que Steve estaba haciendo algo más que aconsejar. Pero Steve, dice Winston, fue "relativamente invisible".

En una primera fase, Winston recuerda, Steve parecía "mantener su distancia como un seguro contra el aún probable fracaso de Apple. Las antenas de muchas personas fueron sacudidas con una sensación de que estaban pasando cosas turbias, pero las reorganizaciones posteriores a la adquisición y el desgaste en curso de talento eclipsado era lo que estaba sucediendo a nivel ejecutivo".

Conforme Steve se fue haciendo más visible, se generó una mezcla de excitación y temor, algo típico en cualquier transformación, pero al mismo tiempo, recuerda Winston, también única por aquel aire incómodo de "¿Qué vendrá ahora?" Finalmente, las decisiones y los cambios fueron pasando a un ritmo sin precedentes para la Apple de aquella época. Esto generó un alto nivel de emoción, en parte por el hecho de que "la escala y la velocidad de las acciones dejaban cada vez más claro que había un nuevo sheriff en la ciudad".

La salida de Gil trajo la misma reacción mixta, dejando "sin duda alguna que NeXT realmente había comprado Apple" en lugar de al revés. Curiosamente, Winston piensa, los empleados de Apple, o al menos los ingenieros "tenían sed de liderazgo" e incluso de "el fantasma de un autócrata que había sido anhelado durante mucho tiempo por los años de indecisión que marcaron la década de los 90s".

Poco después de convertirse en director general interino, Steve saltó sobre el equipo encargado del hardware y "realizó importantes recortes, desde cientos de proyectos hasta llegar a dos dígitos". En un encuentro con 100 de los mejores administradores en Pájaro Dunes, el propio Steve lanzó los planes de *hardware* develando el proyecto que se convertiría en la iMac. Winston tuvo la oportunidad de hablar con Steve frente a frente durante la cena de recepción y "sentí que estaba siendo evaluado".

Al observar al personal de NeXT, Winston había aprendido que podías estar en desacuerdo con Steve siempre y cuando estuvieras atento y motivado y él lo notara. "Yo no estaba de acuerdo con una de sus justificaciones para el iMac y Steve sólo me dijo por qué estaba mal en lugar de «encenderse» como la mayoría de la gente asumió que haría." (Winston descubriría con el tiempo que su decisión estuvo mal, y que Steve, que no era ingeniero, estaba en lo cierto).

Steve me comentó una vez que uno de sus objetivos era hacer de Apple una empresa de mil millones de dólares con menos de 5 000 empleados. Dijo que había establecido este objetivo pues ubicaría a Apple como la empresa más rentable y productiva —o por lo menos una de las más rentables y productivas— en los Estados Unidos. No es de extrañar que no lograra mantener el número de empleados en control —sólo las tiendas representan unos 1 500— pero sin duda sobrepasó su meta de capitalización de mercado. La capitalización bursátil de la empresa, al cierre de este escrito, es de más de 280 mil millones.

El director general y el Consejo de administración
Algo que Steve aprendió de toda la dolorosa experiencia de ser exiliado fue la importancia de un consejo directivo que entienda lo que el jefe de la compañía está haciendo de manera estratégica. En retrospectiva, pudo verlo venir cuando el consejo de Apple dio una recepción tan fría a la publicidad de "1984".

Todo el mundo sabe que un "buen consejo directivo" es fundamental para una empresa de éxito, pero ¿qué quiere decir realmente un "buen consejo"? Más que nada, significa miembros del consejo que entienden la empresa, su visión, y a su director general. Incluso si el director general no ha contribuido decisivamente en la selección de los miembros, él o ella debe conocer los antecedentes y las aptitudes de cada miembro, qué papel juega cada uno, qué funciona y qué no conviene a la visión de la empresa.

El consejo ideal es un grupo de personas con experiencias de negocios contrastantes que utilizan el producto de la compañía religiosamente y tienen una comprensión muy clara de quién es el cliente y dónde debe estar la empresa en cinco años.

¿Se dan cuenta de que no mencioné los beneficios? La ganancia es un resultado del producto y las personas que dirigen la empresa. Como he dicho antes, el producto representa el corazón de una empresa.

Cuando Steve tomó las riendas de Apple, reorganizó el consejo sacando a todos menos a dos miembros. Uno de los que conservó por supuesto, fue Ed Woolard, quien había desempeñado un papel clave en el regreso de Steve. El otro era Gareth Chang, vicepresidente senior de Hughes Electronics. Añadió a su íntimo amigo Larry Ellison, y el ex ejecutivo de Apple Bill Campbell (a veces llamado "Coach", porque, aunque suena extraño, había sido a la vez el entrenador de fútbol en la Universidad de

Columbia). Los motivos de Steve eran claros: Esto no era un consejo de "hombres de sí señor", sino de gente que pensaba como Steve, confiaba en él, y apoyaba sus esfuerzos para rescatar y reconstruir la empresa.

Aprendí sobre las juntas de la manera difícil. En una de mis empresas de nueva creación, con el fin de obtener financiamiento, tuve que aceptar a los ejecutivos y miembros del consejo elegidos por Lehman Brothers. Todos tenían las calificaciones, pero se centraban sólo en los números. Si alguien me hubiera dicho que ni siquiera sabían lo que era el producto, no me habría sorprendido. Ninguno incluso lo utilizaba, una clara señal de que no entendieron la visión ni la dirección de la empresa.

Pero Steve, con su nuevo consejo, tenía una nueva convicción, una que la mayoría de las empresas no pueden permitirse el lujo de ignorar: una empresa puede permanecer fiel a su negocio central mientras elabora más de un tipo de producto. Ahí es hacia donde se dirigía ahora.

El desarrollo
holístico del producto

Se dice que Cristóbal Colón fue capaz de encontrar en una sola ciudad gente con todas las diferentes habilidades necesarias para construir y equipar sus barcos –carpinteros, fabricantes de velas y de cuerdas, artesanos para ocuparse del enmasillado y del resto– e incluso a los propios marineros.

Hoy en día, la mayoría de los productos de cualquier complejidad –así como muchos de los más simples– contienen piezas o ingredientes no creados en sus fábricas, sino comprados en otro lado, a otra compañía.

Es la razón por la cual los teléfonos celulares Android no funcionan tan bien como el iPhone: porque el *software* Android que elabora Google debe correr en *hardware* de distintos fabricantes. Los fabricantes de teléfonos celulares no controlan el diseño del *software* y Google no tiene ninguna manera de asegurarse de que los diseños de *hardware* serán compatibles con el *software* Droid (Volveré a esta idea un poco más tarde).

Es por eso que el borde superior de la lata de crema de afeitar Gillette siempre se oxida: Gillette fabrica la crema de afeitar pero compra las latas a un proveedor fabricante que no recibe ninguna de las críticas de los clientes de Gillette. (Y uno se pregunta si los altos ejecutivos de Gillette no usan sus propios productos. Si lo hicieran, ¿no habrían corregido este problema hace ya mucho tiempo?).

En el momento de su regreso a Apple, Steve ya había empezado a entender lo que luego llegaría a considerar como un tema fundamental, esencial: ¿Cómo es posible fabricar un producto que funcione bien si el grupo que crea el *software* y el grupo que crea el *hardware* trabajan de manera totalmente independiente el uno del otro? Su respuesta: No es posible.

Pero si piensas que esta pregunta sólo aplica a las compañías de alta tecnología, te vas a llevar una sorpresa. Nos estamos acercando rápidamente a una época en la que muchos productos triviales de uso cotidiano tendrán un chip en su interior y, estos productos, se comunicarán entre ellos de maneras que apenas comenzamos a concebir.

Muchas lavadoras domésticas han sido controladas por chips durante años. ¿Y te has dado cuenta de cómo los propietarios de un Prius o de un Lexus abren y encienden sus autos? No lo hacen con una llave, si no con un dispositivo "sin llave" que contiene un chip de computadora. La parte electrónica del auto reconoce una señal emitida por el dispositivo y abre el auto cuando su conductor se acerca y luego le permite encenderlo con sólo apretar el botón de arranque. Esto es apenas un anticipo del futuro. Entonces no intentes averiguar de qué se trata este capítulo: se trata de la versión del mañana de tus propios productos.

A este matrimonio entre *software* y *hardware*, lo he llamado Concepto de "Desarrollo Holístico del Producto" y se trata de un concepto que se ha vuelto parte esencial de la filosofía de producto de Steve y de la mía propia. Y aunque no formes parte del negocio de la alta tecnología, este concepto deberá volverse parte de tu propia filosofía más pronto de lo que imaginas. (No estoy seguro de cómo Steve llegó al término "holístico", pero un día me di cuenta de que él lo usaba para describir el proceso completo de desarrollo de un producto).

Adoptar lo nuevo

Steve Jobs cree que uno no puede diseñar un producto sin grupos de enfoque, sobre todo cuando se trata de ser original. A él le gustaba citar a Henry Ford, que una vez dijo algo así: "Si le hubiera preguntado a mis clientes lo que querían, me hubieran dicho que querían «un caballo más rápido»

Cada vez que escuchaba a Steve citar a Ford, me hacía pensar en ese Ford A 1932 que obtuve como recompensa por mi trabajo en el rancho. A los 15 años ya era capaz de hacerle todas las reparaciones necesarias sin el manual del usuario, todo era muy claro. Todo lo que uno necesitaba era tener los conocimientos básicos suficientes y la dosis justa de sentido común. El Modelo A era un producto bien diseñado. Y el hecho de que Ford usara las cajas en que se entregaban las partes como elementos estructurales para los asientos nos da otro ejemplo de Desarrollo Holístico de Producto. Estoy seguro de que si Steve Jobs y Henry Ford se hubieran conocido, se hubieran dado cuenta de que tenían mucho en común y se hubieran tenido una gran admiración.

Los comentarios de Ford acerca del caballo implican mucho de lo que Steve aprovechó intuitivamente. Si le preguntas a un grupo de personas, incluso a gente que está descontenta con un producto, cómo hacerlo mejor, es muy probable que pasen mucho tiempo pensando en lo que no le funciona bien. Esa búsqueda de defectos tiene su valor. Pero lo mejor que puedes encontrar en ella es una guía sobre cómo hacer mejoras sustanciales. No te daré ideas para crear productos dramáticamente nuevos que produzcan grandes cambios. No se trata de innovación.

¿Por qué no? Porque en una situación como ésta, la mayoría de la gente se concentra en lo que creen que se les indicó que piensen. Ése es el enfoque incorrecto. Lo que necesitas es gente que se enfoque en lo que su experiencia debería ser.

Lo que separa a los visionarios del resto de la humanidad es su tendencia a especular acerca de lo que podrían hacer o de cuán diferentes podrían ser sus vidas o sus productos. Si le das a esa gente nuevas herramientas o nuevas tecnologías, ellos empezarán inmediatamente a especular acerca de la creación de productos que les permitan hacer cosas completamente nuevas.

Los innovadores crean productos que son el fruto de lo que imaginaron, cosas que los ayudan a crear un mundo en el que les gustaría vivir. Esta mentalidad es drasticamente diferente a aquella que sólo piensa en mejorar lo pasado.

Los grandes desarrolladores de productos son impulsados por un deseo de cambio, por cosas y experiencias que son diferentes, mejores y especiales. Los desarrolladores de productos como Steve Jobs tienen una imaginación que les permite visualizar nuevos productos o nuevas maneras de vivir. Entonces se preguntan: ¿Y por qué no? Esto siempre me recuerda la frase de Robert Kennedy: "Algunas personas ven cosas y se preguntan: ¿Por qué? Yo sueño con cosas que no existieron y me pregunto: ¿Por qué no?"

Al descubrir la posibilidad de crear productos dramáticamente nuevos, la gente que tiene la perspectiva de Kennedy se preguntará: "¿Por qué esperar?"

Thoreau dijo: "La simplificación de los medios y la elevación de los fines es la meta". En consecuencia, la perspectiva para el desarrollo de productos de esta visión consiste en concebir algo completamente diferente y mejor, para luego darse cuenta de cómo hacerlo.

A menudo escuché a Steve explicar por qué los productos de Apple se ven tan bien o funcionan tan bien al hablar de la anécdota del "auto prototipo de exhibición." "Tú ves un auto prototipo de exhibición", diría Steve (lo estoy parafraseando, pero creo acercarme a lo que serían sus palabras), "y piensas «¡Qué gran diseño! ¡Qué maravillosas líneas!» Cuatro o cinco años más tarde, el auto está en un salón y en publicidades de televisión y... es pésimo. Y te preguntas qué pasó. Lo tenían. Lo tenían y lo dejaron escapar".

Y aquí Steve daría su versión de lo que salió mal: "Cuando los diseñadores le dieron la gran idea a los ingenieros, éstos dijeron: «De ninguna manera. No podemos hacerlo. Es imposible».

Se les permitió entonces ir a hacer lo que les pareciera «posible» y entonces le dieron sus planos a la gente de producción. La gente de producción les dijo: «Podemos construirlo»". Y le encantaba terminar la historia diciendo: "Tomaron la derrota de las fauces de la victoria".

Steve diría que el problema no fue la factibilidad, sino que la compañía automotriz no se comprometió incondicionalmente para crear el mejor producto, para hacer algo realmente nuevo y diferente, aunque pudiera imaginarlo.

Para ser un desarrollador holístico de productos, tienes que hacer algo más que imaginar algo nuevo, tienes que adoptar la novedad, comprometerte con ella. Tienes que sentir que hacer algo diferente, mejor y especial es lo más importante.

Hay en muchas compañías gente imaginativa cuyas brillantes ideas son frecuentemente descartadas a favor de las que sostienen el *statu quo*. En una sociedad que habitualmente aplaude la innovación, se frustra y se aplasta una enorme cantidad de ideas brillantes. Es por eso que leemos tan a menudo acerca de casos en los que un empresario con un producto nuevo y brillante deja su compañía anterior porque nadie se interesó en sus ideas visionarias.

Hubo ocasiones en que esto casi sucedió en Apple. En 1997, cuando Steve volvió a la compañía, él y Jonathan Ive, el jefe de diseño, desarrollaron el prototipo de la iMac. Se trataba de una computadora integrada con una pantalla extravagante color neón de rayos catódicos. Parecía como un dibujo animado de ciencia ficción hecho por un niño precoz e imaginativo.

Steve le dijo más tarde a Lev Grossman de *Time*: "Claro... Cuando se la llevamos a los ingenieros, nos dieron 38 razones (de por qué no podían hacerla). Y yo dije: «No, no. La haremos». Entonces, ellos preguntaron: «Bueno, ¿por qué?» Y yo dije: «Porque soy el director general y creo que puede hacerse». Y entonces, de mala gana, la hicieron. Pero después fue un hit". En este caso, el auto de la exposición se construyó.

Asociaciones

Las fuentes de los instintos creativos de Steve fueron, en algunos casos, un tanto sorprendentes. Por increíble que pueda sonar, Steve era un gran fan de Gutenberg, haciendo siempre notar en nuestras conversaciones su fascinación con la manera de funcionar de la prensa de Gutenberg y con el impacto que esta invención tuvo sobre la humanidad en sociedad.

Un día, de golpe, esto le vino a la cabeza: la Macintosh no iba tan sólo a mostrar e imprimir letras y números como otras computadoras, también iba a mostrar gráficos. Los usuarios podrían con ella crear logos para compañías, volantes publicitarios y toda clase de cosas que lleven trabajo artístico. Por eso, la Macintosh merecía una impresora capaz de imprimir de maneras que fueran más allá de lo que podía hacer una impresora de matriz de punto.

Steve dijo: "Necesitamos algo como lo que hizo Gutenberg". Y yo pensé: "Sí, claro, como es muy factible..." Pero, por otro lado, donde está Steve hay una manera de hacer las cosas. Él le habló a Bob Belleville acerca del problema. Los dos sabían que no había tiempo de inventar una impresora adecuada, que estuviera lista para salir a la venta luego del lanzamiento de la Mac.

Belleville tenía lo que parecía ser un consejo brillante. En un viaje al Japón, él había visitado Canon y había visto copiadoras láser. Podría ser posible, dijo, tomar una copiadora láser y adaptarla para poder imprimir desde la Mac. Si esto era correcto, iban a poder reunir un equipo de ingenieros para crear una tarjeta que sirviera de interfaz entre las dos, traduciendo información de la Mac al formato que fuera necesario para la impresora. Steve ya empezaba a imaginarlo, y dijo: "Vamos a verlos".

Se hicieron llamadas a Canon, se hicieron arreglos y se reservó la primera clase entera de un avión de Air Japan. Seis de nosotros estaríamos allí: Steve, Bob, tres ingenieros y yo.

En el vuelo, los ingenieros construyeron en cartón un modelo que representaba el tamaño máximo que la tarjeta adaptadora podía tener para entrar en una impresora Canon.

Cuando llegamos a Tokio, al entrar al hotel, algunas jóvenes reconocieron a Steve y corrieron a pedirle autógrafos. Quedé impresionado. Steve era una cara familiar en las principales revistas de los Estados Unidos, pero nunca nadie le había pedido un autógrafo. Aquí estábamos, del otro lado del mundo, y no sólo reconocían a Steve, sino que hacían bullicio a su alrededor como si fuera una estrella de rock. Yo no estaba seguro de cómo iba a reaccionar él y miré de cerca. Si esto le molestaba y le parecía una intrusión a su sentido de privacidad más bien estricto, pues no lo manifestó. De hecho, y aunque yo sabía que él nunca lo reconocería (y sabía que tampoco le gustaría que se lo preguntara), tuve la clara sensación de que esto secretamente le gustaba.

Cuando llegué a mi habitación, tuve una sorpresa. Cuando me preguntaron qué tipo de habitación quería, y considerándome de esos viajeros que se interesan en la cultura local, elegí la "Japonesa Tradicional". Mi habitación no tenía cama, sólo una colchoneta en el piso. Me aguanté, aunque puedo asegurar que no fue la mejor noche de sueño que haya tenido.

Diferencias culturales

A la mañana siguiente, una limusina pasó por el grupo y nos llevó a la sede de Canon en Tokio, a las diez. Nos recibieron en un salón de conferencias, donde nos agasajaron con té, café y pasteles. Todos eran muy amables con Steve, tratándolo nuevamente como a una estrella de rock, pero no igual que las niñas de la noche anterior.

Entonces, llegaron el Presidente y el Director General, y los presentaron de manera ceremonial y bastante formal. Una vez que se fue el Presidente, nos sentamos con el Director General y con otros seis para empezar a hablar de negocios. Steve explicaba lo que queríamos hacer un poco impaciente ya que tenía que esperar a que el traductor hablara cada una o dos frases.

Pero surgió un gran problema cultural con la traducción: los japoneses no respondían. En realidad, parecía que dormían sentados, con las cabezas inclinadas y los ojos cerrados. Steve empezaba a frustrarse, echándome miradas de molestia. ¿Hicimos semejante viaje y los estaba durmiendo?

Afortunadamente, yo había leído en el viaje de ida un folleto preparado por Air Japan para los extranjeros, que explicaba que, en una reunión de negocios, es común que los japoneses cierren los ojos para evitar ser distraídos por lo visual y poder escuchar la pura esencia de las palabras. Le susurré esto, me hizo una sonrisita de comprensión y apreciación y luego continuó.

La hora de la comida mostró que la gente de Canon había hecho un esfuerzo especial para complacer a Steve. Habían averiguado lo que le gustaba comer y nos agasajaron con un pródigo almuerzo en uno de los mejores restaurantes de *sushi*. El protocolo indicaba aparentemente que a la hora de la comida se dejaban los negocios de lado y la conversación debía ser personal. Steve quería seguir hablando de negocios y así lo hizo.

Las conversaciones de aquella tarde con el Presidente de Canon, el jefe de desarrollo y el abogado tocaron ciertos puntos de fricción. Por un lado, no les gustaba que les dijeran que la Tecnología Apple era de patente, así que no les mandaríamos nuestros chips para que ellos los instalaran en las impresoras. Por el contrario, ellos enviarían la parte interna de las impresoras a los Estados Unidos, a donde se instalarían los chips de Apple, en la planta de Apple, y todo se pondría en las carcasas diseñadas por Apple. El presidente tenía problemas con esto, pero luego de un poco de persuasión "Steviana", cedió y estuvo de acuerdo.

Lo siguiente en la conversación fue algo que Steve había correctamente anticipado y que fue el gran problema de la visita: la carcasa tendría el logo de Apple, el logo de Canon no aparecería. Steve tenía razón. Esto se convirtió en un enorme tema de discusión. Estuvo negociándolo con la gente de Canon por casi una hora.

La razón por la que esto era un gran trato para Canon, es que ellos consideraban que la asociación con Apple Computer, una compañía tan admirada y respetada en Japón, iba a ser algo que les brindaría prestigio, haciendo crecer su reputación y sus ventas. Steve hizo concesiones: ellos podrían publicitar que Canon construyó el motor de la impresora láser de Apple y podrían poner su nombre en el motor de la unidad, dentro de la impresora. Pero fue inamovible acerca del tema de base y usó toda su fuerza persuasiva.

Uno de los de Canon —no me acuerdo si fue el Presidente o el Jefe de desarrollo— hizo surgir otra cuestión. Esta persona quería que Steve diseñara una manera en que la Mac pudiera mostrar caracteres Kanji, lo que haría que Macintosh fuera utilizable en Japón (los Kanji son caracteres chinos ampliamente utilizados en el sistema moderno de escritura japonesa). Steve volteó hacia Bob Belleville, quien le dijo que tendría que hablar con sus ingenieros en Cupertino.

Entonces hubo que interrumpir la reunión para hacer la llamada telefónica. Entretanto, me reuní con el equivalente en Canon a jefe de recursos humanos, que tenía muchas preguntas que hacerme acerca de cómo les pagábamos a nuestros trabajadores, cómo los motivábamos, cómo decidíamos las promociones, etcétera. No creo que Canon adopte alguna vez nuestras prácticas pero me fascinó que quisieran conocerlas.

Cuando retomamos la gran reunión, Bob anunció que sus ingenieros dijeron que claramente podían darle a la Macintosh la capacidad de mostrar y de usar Kanji.

Finalmente, el presidente de Canon dijo que aceptarían la condición de Steve de que el nombre de Canon no apareciera en la carcasa de la impresora. Steve, Bob y yo comprendimos: Esta decisión no se tomó porque él pensara que fuera lo correcto, sólo se tomó porque él respetaba mucho a Steve Jobs y a Apple Computer.

Estoy seguro de que Steve aprendió una lección de esta experiencia, lo cual cambió su manera de pensar. Esta fue la primera vez que Mac fue a la pesca de un socio de desarrollo fuera de la compañía, lo cual hizo posible que la LaserWriter estuviera lista en mucho menos tiempo del que a Steve le hubiera tomado poner equipos de *software* y de *hardware* a trabajar para desarrollar una impresora de Apple de la nada.

A partir de entonces, Steve estuvo siempre abierto a la búsqueda de soluciones externas, especialmente para la primera generación de un producto revolucionario. Y a pesar de que en aquel momento él no había llegado al entendimiento del desarrollo holístico de un producto, ya estaba siguiendo el principio del concepto. Esta experiencia y la lección Twiggy fueron dos factores fundamentales para cambiar su forma de pensar.

Durante este viaje, también visitamos Sony, en Kioto. Hablando de admiración mutua, uno de los productos que Steve adoraba era el Walkman de Sony. Podía hablar sin parar de la simplicidad de su diseño y de su funcionamiento. Era un tema favorito de conversación en las reuniones con los ingenieros de Mac. A menudo hablaba de Sony como de la "Apple japonesa" y de que era su modelo para fabricar productos increíblemente originales. La visita a Sony era para él como un viaje a la Meca.

Mientras que los edificios de Canon tenían el estilo tradicional japonés que vimos en todos lados, la arquitectura de los edificios de Sony parecía más apropiada para Los Ángeles, Chicago o Manhattan. Sin embargo, una vez que entramos, los encontramos bastante austeros, más bien fríos para los estándares americanos de diseño.

La gran excepción fue la oficina del director general, Akio Morita. Al entrar, no pudimos evitar ver el Van Gogh original que colgaba de su pared. A él lo encontré muy occidentalizado, muy inteligente, articulado, empresarial y sofisticado. Morita-san hablaba buen inglés, al igual que sus altos ejecutivos. Más tarde me enteraría que venía de una vieja familia, establecida en el negocio de la elaboración de sake, el vino de arroz japonés, por algunos cientos de años.

Los ejecutivos de Sony, tal como los de Canon, eran claramente admiradores de Steve, tratándolo con reverencia, casi como si fuera un jefe de estado. Esa noche, nos llevaron a la cena más extraordinaria en la que jamás haya estado. Éramos seis, escoltados por Morita-san y cinco de sus altos ejecutivos. Bob Belleville era un gran compañero para estas ocasiones, tanto por su conocimiento técnico como por su capacidad de socializar. Culturalmente sofisticado y con buena visión, amablemente le enseñó a Steve la conducta correcta, desde la etiqueta profesional hasta las tradiciones de la mesa. Y Steve escuchó.

La cena con Sony fue en un restaurante tan exclusivo que tenía una sola mesa y cenar allí era un privilegio que se transmitía de generación en generación... pero con un inconveniente: No hay garantía de que cuando el padre muere el hijo sea aceptado.

Los platos de esa noche incluían pez globo. Como probablemente saben, a menos que sea preparado con gran cuidado por alguien que sabe exactamente lo que está haciendo, el pez globo es mortal, es considerado el segundo vertebrado más venenoso del mundo. Todos nosotros consideramos que si nuestros anfitriones japoneses le tenían al chef la confianza suficiente como para comerlo, nosotros tampoco deberíamos temer. Y supongo que hubiera sido un insulto para ellos si alguno de nosotros hubiera dicho que no se atrevía a hacerlo, mostrando falta de confianza. En caso de que se lo hayan preguntado, el pez globo resulta ser muy blanco y, para mí, un poco como el bacalao, sin mucho sabor. Steve, sin embargo, le dijo a nuestros anfitriones no sólo lo mucho que le había gustado sino que esperaba encontrarlo en los Estados Unidos para poder comerlo otra vez (a mí también me gustaría encontrarlo en el restaurante adecuado, pero sólo para ver si me gusta más la segunda vez).

Terminé nuestro día con Sony con la sensación de que, a pesar de la diferencia de culturas y de, quizás cincuenta años de edad, Steve y Morita creían en valores sorprendentemente similares. En el fondo, uno sabía que Morita-san pedía la creación de productos que él mismo quería, como Steve. Además, los dos hicieron de sus compañías ejemplos líderes de la práctica del desarrollo holístico de un producto.

Esto fue como una confirmación transcultural de lo que Steve sostenía: Ama lo que haces. Ama lo que creas. Hazlo a la perfección.

Y escucharlos a los dos hablar fue como una lección de negocios para todos los demás. Al final, la parte triste fue que la relación Apple-Sony nunca alcanzó su potencial: Steve dejaría Apple demasiado pronto y, para el momento en que volvió, Morita-san ya había dejado Sony.

Calidad sobre cantidad

Todos aplauden la innovación y a los innovadores porque todos creen que los grandes productos acarrean grandes beneficios. Además, nos encanta ser sorprendidos y deleitados por algo que significa un avance tan grande y que es tan *cool* que expande nuestro concepto del mundo y nos hace capaces de hacer cosas que antes no podíamos. Todos somos adictos a la novedad. En ese sentido, todos somos los primeros en adoptarla.

Pero para la gente que crea productos, el deseo se manifiesta mucho antes: ellos tienen que desarrollar productos de modo que puedan jugar con ellos o disfrutarlos. No les es suficiente pensar en un producto genial y querer hacerlo. Se trata de tener la capacidad de hacerlo. Pero, ¿de dónde viene esta habilidad?

En el caso de Steve, gran parte de este talento viene, por supuesto, de su enfoque y de un compromiso jamás desviado con su propia estrategia. Pero además, Steve es un hombre de negocios. En parte, las innovaciones de Apple son el resultado de su comprensión intuitiva de los sacrificios requeridos y de su disposición para hacerlos. Él ha aceptado correr enormes riesgos para llevar a cabo su visión; está dispuesto a pagar el precio de quien esté comprometido con la innovación.

Recuerdo que una de las primeras cosas que hizo Steve al tomar el puesto de director general interino fue dejar de vender docenas de productos. Una cosa es dibujar un producto *cool* en una servilleta o bromear acerca de él en una reunión de diseñadores ansiosos que son una especie de discípulos, ¿pero qué pasa con esos viejos productos que ya tienen la venta asegurada?

Quizás no fueran iPods o iPhones, pero hasta la mercancía más mediocre de Apple generaba ingresos y ganancias. Ellos se autofinanciaban y ayudaban a Apple a seguir siendo solvente. Cada uno de esos tontos productos conectaba a Apple con un flujo confiable de ingresos, aunque en algunos casos fueran tributarios o por goteo. Descontinuar la fabricación de productos establecidos, con buena venta y que son los caballitos de batalla de la línea de producción, puede ser una movida temeraria.

Pero como hemos visto, eso es lo que hizo Steve. Cortó docenas de productos y consagró los recursos a sólo cuatro de ellos. Fue una sorpresa hasta para el consejo directivo. En aquella época, el presidente era Edgar Woolard, Director General de DuPont, que dijo: "Nos quedamos con la boca abierta cuando nos enteramos de esto". Los comentaristas de la industria y los analistas de Wall Street a menudo presionaron a Steve para que hiciera subir el precio de las acciones de Apple mediante la venta de productos que fueran básicos o mediante la movilización hacia segmentos en los cuales la compañía no fuera líder. Steve nunca cedió a tal presión.

"Estoy tan orgulloso de lo que no hacemos como de lo que hacemos", dijo muchas veces.

Hay diferentes maneras de interpretar esta frase. Pero siempre creí que él quería decir que nosotros también mostramos nuestros valores y nuestra visión a través de lo que elegimos no hacer. No tratamos de ser todo para todos, aunque tratar de darle el gusto a todos es a veces difícil de evitar y puede parecer la manera de volverse rico. "La calidad es más importante que la cantidad y es una mejor decisión financiera", le dijo Steve a *Business Week*: "Un jonrón es mucho mejor que dos jugadas dobles".

Creo que lo que le permite a Steve enfocarse es la capacidad de visualizar el futuro y su necesidad compulsiva de lograrlo. También hay otro factor: la competencia, o simplemente creer en tener lo mejor. Desde siempre, Steve ha visto en cada nuevo gran producto el potencial de alejar más gente de Windows y de convertirlos en usuarios de Mac. Creo que el Steve Jobs que llegué a conocer hace tantos años no estará satisfecho hasta que por lo menos la mitad de todas las computadoras vendidas sean Macintosh.

Construyendo una compañía holística

Para lograr la verdadera innovación, uno tiene que crear la cultura que la sostenga. La Innovación, con I mayúscula, es una de las palabras más usadas en el mundo de los negocios, porque tener productos nuevos es el código para decir que, en cierto modo, uno está superando a la competencia. Muchas compañías "envían mensajes" con la palabra innovación, sin realmente crearla o sin ser innovadores. Sólo se trata de un movimiento de mercadotecnia o de un claro intento a medias de motivar a las tropas.

Para ser una compañía emprendedora, las nuevas ideas deben ser el elemento vital de la organización. Pero, ¿cómo se pueden fomentar nuevas ideas en una cultura corporativa tradicional?

No se puede. No funciona. Las compañías emprendedoras y las compañías tradicionales son dos organizaciones fundamentalmente distintas. No se puede obtener innovación de una compañía tradicional. La mayor parte del tiempo, en las compañías convencionales comunes, un empleado lleva su idea a un superior, que se quedará con el crédito de la ésta y que en algunos casos ganará una promoción gracias a ella. Habitualmente, el superior tomará la gestión del proyecto y la persona que tuvo la idea sólo recibirá una palmadita en la espalda. Éste es el patrón pernicioso de comportamiento de las compañías tradicionales que operan de manera jerárquica. Y no es que no produzcan buenas ideas. Las buenas ideas surgen donde hay gente pensante, es decir, en todas partes. Pero en las compañías tradicionales, esas ideas son a menudo frustradas, desechadas o desarrolladas de manera imperfecta o inadecuada.

En contraste, en un medio emprendedor, la receptividad y la recompensa de las nuevas ideas son las maneras de comprometer a la gente para que den lo mejor de ellos y para que sientan que tienen participación en la compañía. A través de las ideas, la gente se desafía mutuamente de un modo que no es injusto. Uno inspira competencia y aspiración al mostrar que cree que toda persona puede expresar la creatividad a su modo. Esto puede ser en la contabilidad, en el diseño de productos o en una nueva manera de darles incentivos a los empleados.

Sin embargo, hay una "condición": debes tener una visión para que la gente te siga, un mapa de ruta al infinito. Uno apoya ideas que están alineadas con la visión y el mapa de ruta, y entonces le da a la gente la oportunidad de ser parte de ello.

Además, tienes que tolerar los errores sin castigar a la gente. Créeme, es muy impresionante cuando alguien que originó una idea que la compañía adoptó y para la que puso fondos, es degradado o incluso despedido porque el proyecto no tuvo éxito. Cuando el caso es el opuesto, todos reciben el mensaje: está bien ser creativo, hacer algo nuevo, tu trabajo no va a estar en juego.

Cuando se alientan las ideas de los empleados, se obtiene una red de inteligencia con bases. Los empleados aportarán nuevas cosas al mercado para hablar de ellas, discutirán sus ventajas y sus defectos, las probarán... y luego se preguntarán: "¿Qué podemos hacer para que sea una generación mejor?"

En las compañías tradicionales, la gente está tan enfocada en la productividad y en los beneficios que no tiene tiempo de ver las cosas desde una perspectiva radicalmente diferente. Al menos, no la mayoría de los empleados de la mayoría de las compañías. Y no se produce mucha polinización cruzada, ya que demasiadas compañías tienen un lugar de juego para su gente realmente brillante afuera, en algún laboratorio o área separada en la que no se puedan meter con el lado comercial de las cosas. Así segregan a los genios excéntricos y limitan su influencia en la innovación. Esta práctica se organiza de modo que frustra o limita la creatividad en lugar de alentarla en toda la organización.

Quizás yo sea un soñador, pero creo que la organización emprendedora representa el futuro porque la gente exige este tipo de ambiente. He visto esto en mis propias compañías y lo he visto en otros lugares. La gente quiere ambientes más humanos, donde sus esfuerzos sean —al menos— reconocidos, donde sienta que es parte de algo. La generación más joven de empleados, y especialmente los más talentosos, quieren algo más que un trabajo de nueve a cinco. Quieren algo que tenga un propósito.

Algunas lecciones de innovación

La historia de los primeros tiempos de iMac nos da tres lecciones sobre cómo surge la innovación: una acerca de la colaboración, una sobre el control y otra acerca de inspirar a los empleados.

Los empleados de Apple hablan todo el tiempo de "colaboración profunda", "polinización cruzada" o de "ingeniería concurrente". Lo que quieren decir es que no hay estadios de desarrollo discretos, lineales o secuenciales. En cambio, las cosas son simultáneas y holísticas. Los productos son trabajados en paralelo en todos los departamentos —diseño, *hardware* y *software*—, al mismo tiempo, en interminables rondas de revisiones de diseño interdisciplinarias. Los productos no pasan de equipo a equipo. Todo el que ha hecho una inversión en ellos sigue con su inversión. Nadie puede separarse del compromiso asumido.

Los gerentes se jactan en otros lados del poco tiempo que pierden en reuniones. Apple es fanática de ellas y orgullosa de serlo. "La manera convencional de desarrollar productos simplemente no funciona cuando se es ambicioso como nosotros", dice el extraordinario diseñador Jonathan Ive. "Cuando los desafíos son tan complejos, los productos deben ser desarrollados de una manera más colaboradora, integrada".

La segunda lección de este ejemplo trata del control. Si bien queda claro que Steve hizo valer su posición e insistió para que se hiciera la iMac, enfocarse en eso sería pasar por alto cómo su determinación despejó el camino a la innovación. Nada en las compañías es tan cegador como una estrategia, un enfoque o una línea de productos que ya ha funcionado. El éxito puede ser contraproducente si conduce a que uno se repita. En general no se puede imaginar un mundo diferente porque hemos caído en el hábito de ver nuestro mundo con la mentalidad de lo que ya ha funcionado.

Cuando Steve comprometió a Apple con el nuevo prototipo de iMac, insistió en que la compañía fuera amplia de criterios, experimental y en que estuviera dispuesta a intentar cosas nuevas. Hacer las cosas de manera distinta o hacer cosas distintas, en lugar de repeticiones de "lo mismo de siempre" es lo que a menudo hace que una nueva visión surja y nos atraiga. Esto es lo que puede conseguir lo nuevo. Puede empujarnos hacia un mundo en que el horizonte es el lugar al que queremos llegar, donde la creatividad sucede. Cuando Steve insistió en que Apple creara esta computadora indómita y de apariencia juguetona, estaba rompiendo con las convenciones.

Todavía más importante, al comprometer la compañía con la nueva iMac, estaba ofreciendo, implícitamente, un sorprendente y fortificante incentivo a todos los de Apple. Él decía que, en Apple, lo que uno imagina puede hacerse. Los buenos empleados encontraron esto inspirador. Esta es la tercera lección.

Por supuesto, uno tiene que hacer todas las otras cosas clásicas que comprometen y gratifican a los empleados. Hay que ser accesible para ellos, llegar a conocerlos y aprender qué los motiva. Hay que escucharlos. Y uno tiene que apreciar sus ideas, incluso aquellas que tienen que ver con el empaque y la documentación. (Pequeños detalles como el empaque del producto o el manual del usuario pueden tener un gran impacto sobre el éxito de un producto. ¿Cuántas veces has comprado algo y encuentras el manual del usuario tan complicado que tardas horas en aprender cómo armar el producto o usarlo?).

Pero el ingrediente clave, si se contrató al tipo correcto de empleados, consiste en crear una cultura en la que sus ideas tengan altas probabilidades de llevarse a cabo. Uno de los isótopos más radiactivos del poderoso carisma de Steve es el hecho de que ha convencido a sus trabajadores de que él se compromete con las innovaciones, con lo que crea una cultura de la innovación.

"Apple es una compañía increíblemente colaborativa", dijo Steve en la conferencia All Things Digital 2010. "¿Saben cuántos comités tenemos en Apple? Cero. Estamos estructurados como una *startup*. Somos la *startup* más grande del planeta. Lo que hago durante todo el día es reunirme con equipos de gente y trabajar sobre ideas y nuevos problemas para tener nuevos productos".

En cambio, algunas compañías son el equivalente de un basurero de la innovación. Son vertederos de basura a donde las ideas van a morir. En PARC, la gente clave en desarrollo se fue porque nunca vieron a sus productos llegar al mercado. Ellos querían ver el producto innovador que habían creado, su orgullo y su alegría, llegar a las manos de los usuarios. Y esto nunca sucedió. Es por esto que PARC tuvo sus altas tasas de rotación de personal.

Me gusta la manera en la que el periodista Lev Grossman lo describió en la revista *Time*: "Si pusieran juntos a Microsoft, Dell y a Sony en una sola compañía, obtendrían algo como la diversidad de la biósfera tecnológica de Apple".

Innovación
evangelizadora

En el mundo de Steve Jobs, los productos no son creados por una, dos o tres personas creativas sostenidas por un rebaño de ingenieros o artesanos que meten sus manos y convierten las ideas en productos funcionales. Éste no es el estilo de Steve Jobs y nunca lo ha sido.

No es algo en lo que él haya pensado por un momento para finalmente tener una idea brillante al respecto. Él trabaja con las entrañas, intuitivamente, y supo desde el principio que si armaba el equipo correcto, éste podría proveer suficiente energía creadora para convertir sus sueños en productos reales.

En el mundo de Steve, la innovación es una actividad de grupo. Esto era lo más notable para mí porque, como dije, en IBM había visto el lado obscuro, el lado depresivo, de la innovación. Big Blue había tenido a los científicos y a los ingenieros más creativos del mundo: laboratorios enteros, uno tras otro, llenos de esa gente enormemente dotada, una colección casi increíble de talento de clase mundial. Esto me pareció alucinante. Entonces, ¿por qué lo encontré deprimente?

Correcto: Toda esa gente sorprendentemente inventiva venía con ideas fenomenales para nuevos productos y mejoras para productos existentes, de los que casi ninguno veía la luz del día.

Por supuesto, IBM no estaba solo en este mundo de sordomudos. Kodak, el líder en productos fotográficos, siguió haciendo lo que sabía hacer tan bien... y desaprovechó completamente la época de la fotografía digital y del proceso digital de imágenes. Si fuera por Kodak, después de unas vacaciones familiares o de la graduación de un hijo, todavía estaríamos dejando rollos de película en la farmacia.

Steve comprendió, sin tener que pensar en ella, que la innovación no es tan sólo un deporte en equipo, necesita ser evangelizada, tanto internamente como con los socios externos. Cuando uno abre la innovación a los recursos externos, éstos necesitan operar como parte de nuestro equipo. El grupo Mac practicó esto en los primeros días, cuando un grupo de "evangelistas" salió a tocar el tambor para que los desarrolladores crearan aplicaciones.

La teoría del producto entero

Steve vivió desde el primer día una filosofía que es una extensión del concepto del desarrollo holístico de productos. Ésta dice que no se pueden fabricar productos de tecnología exitosos, productos que funcionen bien y que estén a la altura de las expectativas, a menos que la compañía que creó el *hardware* también cree el *software*. He llamado a su postura sobre esto la "Teoría del producto entero".

Por un tiempo discutí con Steve acerca de esta noción. Yo pensaba que si nosotros vendíamos nuestro *software*, al igual que Microsoft, podríamos tener un mejor producto y controlar esa área del mercado.

Él me convenció de que estaba equivocado, y no sólo lo hizo con sus explicaciones razonadas, sino, con el correr del tiempo, haciéndome testigo del éxito de los productos de Apple y las deficiencias de casi todos los productos de los demás. Para obtener el mejor desempeño del *software* que corre en el *hardware*, hay que controlar el sistema completo. El principio no se aplica solamente en las compañías tecnológicas: Si Steve hiciera colchones, no se limitaría a diseñar el marco y luego a comprar los resortes al proveedor más barato.

Si Microsoft hubiera controlado el *hardware*, hubiera producido un producto mucho mejor que el *software* Windows que conocemos. Como ellos no ahondan en los problemas de desarrollo de *hardware*, simplemente no pueden entender qué se necesita para hacer *software* y *hardware* que funcionen bien juntos. Cada versión del sistema operativo Windows ha tenido problemas molestos y persistentes.

La compañía ha actuado todavía peor con sus productos de consumo. Hicieron un producto tras otro y todos fracasaron miserablemente. A mediados de 2010, retiraron su nuevo teléfono celular, el Kin, del mercado, luego de casi dos meses. Como bromeaba un reportero, no habrá próximo Kin. Pero antes de que uno pudiera mirar para otro lado, los muchachos de Redmond volvieron con otro intento, este último, totalmente diferente. Apodado el Windows Phone 7, rápidamente atrajo una reacción desfavorable del *New York Times*, en un artículo titulado "Un teléfono que promete, con defectos". El artículo se quejaba de que hasta su nombre era engañoso. "No es Windows. No se ve ni funciona como Windows, no usa software de Windows, ni siquiera requiere una PC Windows". Y mientras el producto "muestra cierto ingenio real, le falta una larga y vergonzosa lista de funciones que son estándar en el iPhone y en el Android".

La mayoría de los desarrolladores que escriben *software* para productos de otras compañías toman una perspectiva de negocios, tratando de hacer lo más conveniente para su propia empresa, no los mejores productos para el consumidor.

Imagina este escenario: eres el jefe de desarrollo de productos de Motorola y has programado juntas con Microsoft para discutir el mapa de rutas de tu producto Droid para construir teléfonos Windows Mobile. La junta va bien. Las presentaciones son profesionales y terminan con Microsoft hablando de "ser verdaderamente agresivos en los precios de las licencias" para Windows Mobile. Ellos quieren dar hasta un 20 por ciento de descuento por unidad en las licencias.

Luego de la reunión con Microsoft, te reúnes con Google para discutir planes para usar su sistema operativo Android en tus teléfonos celulares. Nuevamente, su presentación va bien y es muy profesional. Las dos compañías tienen excelentes desarrolladores de *software*.

Pero algo extraño sucede cuando los muchachos de Android discuten los términos comerciales. Ellos explican que no van a cobrar ninguna tarifa de licencia ya que se trata de un entorno de código abierto. Es más, quieren que produzcas teléfonos Android sin cargo. Gratis, es un buen negocio. Ahora bien, para estar seguros, si Android no fuera nada bueno, la gratuidad no tendría sentido, pero si el *software* resulta ser sólido como una roca, la gratuidad será, por supuesto, un muy buen negocio.

Los usuarios Droid tienden a frustrarse por los constantes y molestos problemas que tienen sus teléfonos. Sé de unos hermanos gemelos que se compraron un Motorola Droid para cada uno. Entre los dos ya han tenido ocho teléfonos. Motorola sigue remplazando las unidades porque no funcionan correctamente. Ninguno de los pasos, como regresar el aparato a la configuración de fábrica por defecto corrigieron los problemas. ¿Y de quién es la culpa? ¿De Motorola o de Google? El consumidor no sabe a quién culpar.

Los usuarios de iPhone pueden frustrarse por tener llamadas interrumpidas, pero eso es principalmente culpa del servicio inconsistente de AT&T. Problemas como los del Droid, en los que el aparato no funciona como debería, son raros. Sí, hubo un problema con la antena del iPhone 4 cuando lo presentaron. Lo atribuyo a un par de cosas. Por cuestiones de salud, Steve pasaba más tiempo con su familia y les dio autoridad a algunos de sus hombres de confianza por el extraordinario nivel de atención detallista que siempre había tenido en el pasado.

Segundo, cuando se dice que eres el número uno en todos los aspectos del negocio, tienes que actuar como el número uno. Los medios tienen altas expectativas de las comunicaciones directas. Apple no dio una respuesta inmediata aceptando la responsabilidad, como todos esperaban, y los medios atacaron a la compañía por ese período de silencio inicial. Una fuente interna me dijo que en cuanto los problemas de antena comenzaron a aparecer en los medios y en la web, el vicepresidente a cargo del iPhone recibió una llamada de Steve con un breve mensaje: "Así no hacemos las cosas en Apple". Según creo, el VP perdió su empleo: ya no trabaja más en Apple.

Saliendo de la casa

En Apple, la expresión "producto entero" significa mucho más que el dispositivo. Esto significa la experiencia entera de utilizar el dispositivo. La meta es diseñar el producto para que se adapte a los modos naturales de vida, a cómo la gente usa habitualmente las cosas, en lugar de esperar a que ésta se adapte, para crear un sentido satisfactorio de lo natural, intuitivo y simple.

En el 2000, Apple enfrentó un cambio con el enfoque del producto entero. Ninguna compañía puede hacer todo, especialmente cuando enfrenta serias limitaciones financieras, y ciertas partes de la contabilidad de Apple seguían luciendo patéticas. Macintosh tenía todavía menos del tres por ciento del mercado de las computadoras. Steve estaba desesperado por tener aplicaciones exclusivas que hicieran que los usuarios de Windows se pasaran a Mac.

Era natural que Steve, amante de la música, viniera con la idea de ofrecer un paquete de software de música superior para mantener el orden de las canciones y poder localizar y tocar rápidamente todo lo que se esté buscando.

Desde el trato de la LaserWriter con Canon, Steve estaba convencido de que hay tiempos para desarrollar en la casa y de que hay tiempos para salir a ver lo que hay afuera.

SoundJam MP era un software de música en MP3 líder en el mercado. Lo había desarrollado Casady & Greene (C&G), una pequeña firma de Sillicon Valley que también había creado juegos para Macintosh.

El principal programador de SoundJam, Jeff Robin, había trabajado una vez para Apple. SoundJam MP se había vuelto un gran éxito, ganando 90 por ciento del mercado.

Apple se acercó a C&G para comprar los derechos del SoundJam. Como parte del trato, Jeff Robin fue nuevamente contratado por Apple para que fuera el responsable de crearle una nueva interfaz. Cuando la versión del *software* de Apple fue presentada en Macworld de enero de 2001, ahora llamado "iTunes", resultó ser inmensamente popular... aunque pocos imaginaron la revolución en los hábitos del consumidor que iba a acarrear. O mejor dicho, pocos, además de Steve Jobs y del equipo iTunes.

En aquel momento, iTunes parecía ser un producto solitario. Ahora lo reconocemos como el primer tramo de la estrategia global de producto de Steve.

Decisiones de producto

Steve había estado al tanto del trabajo hecho en la Universidad Carnegie Mellon con *software* avanzado llamado Mach kernel. Un kernel es un segmento básico de un sistema operativo, y Steve había aprendido bastante acerca del trabajo de Carnegie Mellon para creer que este paquete podría ser el mejor *software* disponible que pudiera volverse la base de un sistema operativo de nueva generación para computadoras personales. Antes de dejar Apple, él mismo le había encargado a Cray Supercomputer que empezara a trabajar en el desarrollo de un sistema operativo basado en Mach kernel (Esto causó un poco de fricción: Steve tenía autorización de gastos de hasta 10 millones de dólares y lo de Cray costó unos 12 millones.).

Él no llegó a trabajar con el Mach kernel en Apple, pero la puerta quedó abierta para que fuera la base del sistema operativo que iba a necesitar para la nueva computadora que iba a construir en NeXT. Para eso, buscó a uno de los líderes del trabajo con Mach kernel en Carnegie Mellon, Avadis Tevanian Jr. Avie tenía una licenciatura en matemáticas y una maestría y un doctorado en ciencias de la computación, además de ser uno de los principales desarrolladores del Mach kernel desde sus días de estudiante. Avie dijo que sí, que se mudaría a Sillicon Valley e iría a trabajar en Apple.

Avie tenía la inteligencia, la experiencia, el instinto y el entusiasmo para lo que Steve quería hacer, y probó que sería una buena decisión para los dos. Avie sería el cerebro detrás de la creación del *software* del sistema operativo NeXTStep (basado, por supuesto, en el Mach kernel). Este *software* demostraría ser la patada de ahogado para NeXT y para Steve. Avie iría más tarde a Apple con Steve, donde estaría a la cabeza de la creación del sistema operativo Macintosh de nueva generación, el OS X ("OS-ten"). En aquel momento, nadie, ni siquiera Steve o Avie, podría haber imaginado que una versión reducida del OS X podía hacer posible el desarrollo del más avanzado y amigable teléfono celular del mundo.

En un año, Steve y las cabezas de los equipos de producto consideran cientos de ideas, entre ellas, sólo algunas parecen brillantes. Pero, por el momento, me gustaría echar una mirada a lo que provocó la decisión de Steve sobre una idea en particular, lo que lo llevó a decir: "Ésta es la que haremos."

Al estar constantemente al tanto de la vanguardia de la tecnología, los equipos de Apple siempre están listos para lanzarse cuando todos los elementos posibles para crear un nuevo producto están disponibles. Era natural que, una vez que iTunes estuviera funcionando, Steve, Ruby y sus equipos empezaran a pensar en un reproductor de música, un dispositivo MP3 que fuera sexy y revolucionario como la Macintosh original. Pero las piezas necesarias simplemente no estaban ahí.

Ya hemos visto cómo Steve, al volverse director general interino, canceló varios productos Apple. Entre los que se convirtieron en cenizas, se encuentra el revolucionario PDA (Asistente Digital Personal) de la compañía, el Newton, que Steve desechó porque reconoció que no era un producto básico.

Sin embargo, unos años después, cuando Apple estaba en una posición financiera más sólida, la imagen cambió. El mercado para los PDA estaba creciendo con fuerza. Las ventas de los reproductores de música portátiles estaban cayendo y los PDA parecían tener una mejor chance que ellos. Pero mucho tiempo antes que el smartphone despegara, Steve sintió que los teléfonos celulares podían hacer cosas para las que la gente usaba los PDA. Steve esperó que el mercado de los PDA se desgastara. Le volvió entonces la espalda a los PDA y puso su atención en otra parte.

Al observar lo que había para llegar a un nuevo producto, Steve y Jon Rubinstein vieron diseños creativos que tenían fotografía digital y videocámara, reproductores de música y teléfonos celulares. Con la simple idea de ver hasta dónde podían llegar, Ruby estableció equipos para evaluar el *hardware* y el *software* que las distintas compañías utilizaban para estos dispositivos. Así se dio cuenta de que las cámaras tenían un *software* suficientemente bueno, pero en el caso de los reproductores musicales, "lo que había era horrible", le dijo Ruby a Cornell Engineering Magazine: "Eran grandes y pesados, las interfaces de usuario eran terribles."

Mientras tanto, Steve estaba cautivado por la idea de la magnitud del mercado de los reproductores musicales. Aún mejor, el mercado era atractivo porque la competencia no era demasiado amenazadora y parecía un mercado que estaba maduro como para ser dominado con un producto que revolucionara la experiencia del usuario.

A veces, casi todo parece correcto para convertir una idea en un proyecto de desarrollo activo, salvo por el hecho de que hay ciertos vacíos tecnológicos, uno o dos artículos cruciales que no alcanzan los estándares de Apple. Pero en este caso, las estrellas estaban bien alineadas.

Al visitar Toshiba en Japón, no mucho tiempo antes, Ruby tuvo conversaciones sobre los discos duros que la compañía proveía para varios productos Apple y en ellas se mencionó un producto en desarrollo: un pequeño disco duro de 1.8 pulgadas al que todavía no le habían encontrado ningún mercado. ¿Rubinstein-san pensó que podría encontrar un uso para él?

Rubinstein se enteró allí de que ese minúsculo disco contendría cinco *gigabytes* de información. En aquel momento, eso era simplemente asombroso. Apple firmó entonces un acuerdo exclusivo con Toshiba por el disco duro.

Las mini baterías que darían la energía suficiente a un dispositivo para no tener que enchufarlo después de escuchar lo que parecerían unos pocas canciones ya estaban disponibles, y un elemento todavía más crucial también, una pieza de tecnología de la que poca gente estaba al tanto pero que todos celebrarían. Los reproductores de MP3 existentes, se tardaban horas en descargar la librería de música. La tecnología "WireFire" de Apple desempeñaba un papel líder en desarrollar lo que ahora era posible: descargar en minutos. Todos juntos, esos elementos harían realidad la creación de un pequeño y elegante iPod.

La experiencia de Apple en *software* podría crear un dispositivo musical portátil drásticamente superior. Además, la compañía tenía grandes diseñadores industriales y genios en miniaturización. "Así que Steve me dijo que fuera a hacer un reproductor musical", dijo Ruby.

Imagina trabajar en un producto tan deseable que los miembros del equipo de desarrollo no podían esperar a terminar para poder tener uno. Eso es lo que sucedió con lo que vino a llamarse iPod. La idea de que uno pudiera llevar gran parte de su librería musical encima era irresistible.

De acuerdo con la descripción de Jonathan Ive: "Como todos en el proyecto, me esforcé al máximo, no tanto porque fuera un desafío, sino porque quería tener uno." Y agregó: "No puedo recordar la última vez que todos deseábamos tanto un producto como al iPod."

Pero Steve había exigido que el lanzamiento del producto estuviera listo para las ventas navideñas de 2001. Esto le dio al equipo del iPod solo diez meses para lograrlo, un período increíblemente corto. El desafío del diseño para Apple consistía en lograr un desempeño mucho mejor, reduciendo al mismo tiempo los circuitos a un dispositivo no más grande que una cajetilla de cigarrillos.

Poner los conceptos básicos en orden no tomó mucho tiempo, pero entonces Apple necesitó de alguien que los ayudara con el diseño. Según uno de los miembros del equipo que estaba cerca de la acción, Ruby llamó gente. Un candidato posible acababa de empezar a trabajar en otro lado, pero le sugirió a Ruby que hablara con Tony Fadell. Ruby hizo algunas llamadas, rastreándolo en medio de un viaje a esquiar. Tony vino para conversar, y reconocería más tarde que Ruby lo contrató como consultor sin decirle cuál era el producto.

Como en todo proyecto de Apple, los jugadores clave –Steve, Ruby, Jeff Robbins y Phil Schiller– hacían constantemente lluvias de ideas para ver cómo ensamblaban todo.

Pero, por supuesto, Steve no era el ejecutivo pasivo que se sienta en su oficina a esperar que el equipo llegue a mostrarle un producto terminado. Como uno esperaría de lo que leyó de él en estas páginas, su implicación en el desarrollo del iPod fue cercana y constante. Dirigió el equipo con su comprensión instintiva de las necesidades de marketing y su exigencia de obtener un diseño deslumbrante. Puso en el proyecto la insistencia que puso en toda su carrera de que los productos sean muy fáciles de usar: gruñía si tenía que presionar más de tres veces un botón para escuchar la canción que quería escuchar, echaba chispas si el menú no aparecía suficientemente rápido y se ponía muy exigente si la fidelidad de la música no era sobresaliente.

Por más que el proyecto se estaba llevando a cabo a tiempo, al final del desarrollo del iPod, el grupo descubrió un defecto potencialmente fatal. El dispositivo consumía energía de la batería incluso cuando estaba apagado. Tres horas después de cargarlo, la energía se había agotado. Esto se descubrió cuando se declaró que el sistema de circuitos electrónicos estaba terminado y las líneas de ensamblado ya estaban armadas. Tomó semanas descubrir cómo solucionar el problema. Uno de los jugadores clave de una compañía externa recuerda: "Por ocho semanas pensaron que tenían un reproductor musical de tres horas".

El Desafío del Tiempo

Una serie de acontecimientos externos ensombrecieron el futuro lanzamiento del iPod. A fines de octubre, Intel publicó un anuncio diciendo que saldría del negocio del consumo electrónico. Intel era reconocido por su ingeniería brillante y por su inteligencia en marketing… pero ahora reconocía que no sabía cómo hacer dinero con el consumo electrónico. Y uno de los productos de esa división era un reproductor portátil de MP3.

La decisión de Intel llegó casi junto a otras preocupaciones legales y económicas. La "burbuja de las punto com" había reventado, dejando a la industria de la alta tecnología con los escombros de las compañías fundidas y un ejército muy herido de ingenieros desempleados. Encima de todo esto, las demandas por infracción de los derechos de autor de la música y por la falta de pago de regalías congestionaban las cortes de expedientes.

Y lo peor de todo: estábamos en 2001. Los trágicos ataques terroristas al World Trade Center del 11 de septiembre de 2001 ocurrieron apenas un mes antes del lanzamiento programado del iPod. Los estadounidenses estaban atónitos, horrorizados y atemorizados por lo que semejante acontecimiento podía significar para los Estados Unidos. La gente de una nación en duelo se preocupaba por si algún otro ataque igualmente devastador ya estaba desarrollado y listo para ser lanzado.

Una presentación de muy alto perfil del iPod estaba programada para poco más de un mes después. Steve tuvo que enfrentar la decisión de seguir según lo planeado con el debut de su pequeño y excelente reproductor musical. Porque nada es tan reconfortante como el anuncio de un nacimiento. El mundo podía sentir que se caía en pedazos, pero Steve Jobs se aferró a sus planes.

Ser un evangelista de tu producto

Siguiendo con la tradición Steviana, el 23 de octubre, en la sede de Apple, Steve se presentó frente a una audiencia recibida sólo con invitación y ofreció al mundo su nuevo y hermoso hijo, el iPod, el equivalente a un baile de Fred Astaire para la agilidad de la tecnología.

Muy pronto, los innovadores de Apple, y Steve mismo, verían sus auriculares blancos, muy *cool*, en todo el mundo, sobre gente que marcaba el ritmo con los pies. Steve Jobs llevó a sus equipos a establecer un nuevo estándar en innovación y evangelizó con el equipo del producto entero, no sólo con los que trabajaban al interior, sino también con los externos.

Conociéndolo tan bien a él, su desempeño en el lanzamiento de un producto siempre me hizo pensar en la película *Elmer Gantry*, en la que Burt Lancaster interpreta a un condenado evangelista que cautivaba a los fieles y convertía a los escépticos. Steve Jobs, un maestro en apasionar a los fieles de Apple y en convertir a los escépticos, es *el* evangelista de productos.

Persuadir y comprometer en círculos más amplios

Cuando las circunstancias así lo requieren, Steve es mucho más que un *showman* evangelizador para los encuentros cara a cara con una o varias personas. Sus negociaciones con los más grandes jugadores de la industria de la música, crucial para la creación del iTunes Music Store, nos dan otro caso de estudio sobre cómo evangelizar la innovación y sobre cómo ver al "producto entero" como una experiencia total. La completa identificación de Steve con el consumidor significa que él veía cada sector de la experiencia del iTunes Music Store, desde su creación hasta sus ventas, su uso y hasta su placer cotidiano, como parte del sistema entero.

En aquel momento, los beneficios de la industria musical caían en picada, bajando un alarmante 8.2 por ciento tan sólo en el 2002. Las cinco discográficas principales y su asociación, la Asociación Americana de la Industria Fonográfica (RIAA por sus siglas en inglés), culpaban de esta decadencia a la piratería hecha posible por Napster y por otros servicios similares.

La RIAA fue a la corte y logró que Napster cerrara, pero otros servicios de intercambio de archivos, como KaZaa, que operaban con un modelo de distribución sin servidores centralizados, fueron más difíciles de eliminar. Las acciones legales de la RIAA contra infractores individuales y grupales fueron un desastre a nivel relaciones públicas, que lograron todo menos congraciar a la industria de la música con los fans, sus clientes.

Mientras tanto, las grandes cabezas de la industria trataban de crear sus propios sistemas de distribución de música en línea. Tres de los cinco grandes sellos discográficos, Time Warner, EMI y Bertelsmann, lanzaron una asociación, Music Net, mientras que las otras dos, Sony y Universal, aparecieron con el competitivo Pressplay. Cada grupo rechazó tontamente que la música de los otros estuviera en su red. También cometieron el error fundamental de cobrar una suscripción mensual que, efectivamente, quería decir que los clientes nunca poseían realmente la música a la que accedían: ¡si cancelabas la suscripción, la música que habías pagado para descargar en tu computadora ya no se reproducía más!

Además, la descarga de música en reproductores portátiles de MP3 estaba restringida. MusicNet lo hizo al principio imposible y las políticas restrictivas de Pressplay no eran mucho mejores. Cuando los dos sistemas competidores dieron licencias mutuas para la música, ya era demasiado tarde. Las restricciones de descarga se flexibilizaron de alguna manera, pero no lo suficiente, y los fans estaban más desencantados que nunca. La industria fonográfica estaba cometiendo el error comercial más básico: ignorar las necesidades de los clientes.

La gente de la industria de la música se hubiera reído si se les hubiera dicho que alguien de la industria de la alta tecnología surgiría como el caballero defensor. Después de todo, las computadoras y la web eran los enemigos que estaban destruyendo su subsistencia. Cualquier gurú hubiera probablemente fallado en vencer su resistencia, pero Steve era Steve, y, siendo Steve, no sólo tenía razón sino que además era persistente.

Él y sus compañeros en Apple insistían en que el problema de la piratería musical era fundamentalmente de conducta, no tecnológico como la industria de la música creía. No había que culpar a la tecnología, sino a la gente que la usaba. Además, la tecnología no iba a desaparecer y esperar que alguien la pusiera bajo control era peor que pensar que era dañina.

Como escribió el reportero Alex Salkever del *Business Week* en 2003: "Steve ha adoptado un enfoque que hace que comprar música en línea sea más fácil que tratar de piratearla." Una decisión de la Corte Federal del año 2003, indicando que los servicios de intercambio *peer-to-peer* tenían usos legítimos al margen de la piratería musical, pareció apoyar el argumento de Steve de que era "la conducta, no la tecnología".

Muy simple, Steve vio que tratar de aplastar al "enemigo" —toda esa gente que descargaba música ilegalmente— era inútil, una pérdida de tiempo, algo destinado al fracaso, y que posiblemente condenaría a la industria discográfica al colapso.

Sus razonables argumentos casi no habían logrado superar la hostilidad de la industria discográfica previamente. No había dudas de que la nueva tecnología era extremadamente perjudicial y casi había destruido los modelos financieros establecidos del negocio de la música.

Steve le dijo a la industria musical que la supervivencia era posible, pero solamente si ella estaba abierta a intentar algo nuevo. Nada permanece igual en los negocios y la única manera de alcanzar a la innovación era con más innovación.

El hecho de no venir de una posición de fuerza no disuadió a Steve en lo más mínimo. En aquel momento, la cuota de mercado de Apple era de sólo tres por ciento y, como Hilary Rosen –cabeza de la RIAA, en aquel momento– dijo con considerable franqueza: "Apple tenía una cuota de mercado tan baja que hizo que el riesgo (para las casas disqueras) fuera suficientemente bajo".

La experiencia de los líderes de la industria había mostrado que la gente del mundo tecnológico no entendía bien a la industria de la música, a su estructura o a su base financiera. Steve era diferente. Él había hecho su tarea y llegó con el amplio conocimiento de un iniciado gracias a su notable y rápida comprensión de la esencia de los negocios. Además, no molestaba el hecho de que Steve levantara el teléfono y le hiciera preguntas a estrellas de la música como Bono o Mick Jagger.

Al final, ¿Cuál fue el resultado? Tal como lo describió Rosen de la RIAA, el acuerdo se logró "gracias a la fuerza de voluntad de Steve. Su enorme carisma y su intensidad marcaron realmente la diferencia". Aparentemente, la grandeza de Steve fue por semanas el único tema de conversación de un ejecutivo de la EMI.

Cuando las cosas se calmaron, Steve había logrado hacer lo que, solos, los líderes de la industria no habían podido: había convencido a las cinco grandes disqueras de firmar un único arreglo con el que todas estaban de acuerdo: se le permitía a Steve ofrecer toda su música a través del nuevo iTunes Music Store de Apple. Los cinco grandes se protegieron estipulando que el término del primer contrato con iTunes Music Store sería de un año, a menos que se renovara.

La industria de la música podía relacionarse con un hombre de negocios tan obsesionado con el diseño y con el estilo como Steve, un ejecutivo todavía joven que tenía una combinación poco común de conocimiento tecnológico, amor por la música y un gran conocimiento de la industria discográfica.

Por supuesto, el iTunes Music Store tuvo tanto éxito que a ningún sello discográfico líder se le hubiera ocurrido ejercer su derecho a no renovar el contrato. Al final del año, estaban todos formados, con sus plumas en la mano.

De cómo volverse el evangelista de su propio producto

Steve Jobs no tiene la patente de cómo evangelizar la innovación pero, como en otras cosas, nos da a todos el modelo. Continuamente verifico si estoy pensando en términos de desarrollo de producto entero, siendo receptivo para con todas las fuentes potenciales de ideas, dentro o fuera de la compañía. Como mi propio evangelista de producto, trato de enfocar cada sugerencia que pueda mejorar el producto con la actitud de: "Sí, podemos", la actitud de que cada idea vale su debida consideración y no su rechazo.

Al igual que yo, necesitas recordar que tienes que estar abierto a las aportaciones, no sólo de tu equipo sino de otra gente, permaneciendo siempre consciente de que eres el evangelista responsable de predicar por tu propio producto, incluso frente a gente apenas conocida, gente que no pertenezca a la industria y gente que no sería cliente potencial del producto. A todos les predico mis ideas. Y he recibido una retroalimentación enorme de gente que apenas conozco.

El criterio para el producto en sí, y para todas las mejoras concebibles, es: "¿Ésto ayuda al comprador?" Y la principal manera de responder es: "Personalmente, ¿voy a querer esta característica? ¿Voy a quererla y a usarla?" Si la respuesta es no, éste es el final del camino.

Tal como Steve, yo asimilo mucho mejor una idea visualmente. Le digo a mi gente: "tráiganme sus ideas en un modelo o prototipo, o en un demo que pueda ver en la computadora. Si me dicen o me escriben de qué se trata, tengo que imaginar lo que tienen en la mente. Cuando es algo práctico, necesito verlo".

En la fase del diseño de producto, siempre recuerdo pensar primero en términos de desarrollo de producto entero dentro de la compañía. Y entonces, cuando no es práctico –cuando hay razones de peso por las que ciertos elementos primordiales deban venir de proveedores externos–, igualmente necesito encargarme de hacer que el producto funcione como si lo hubiéramos diseñado nosotros por completo. La tecnología externa está bien mientras yo tenga el control que asegura que el producto entero funcionará tal como yo lo visualicé.

IV

VOLVIÉNDOSE *COOL*: UNA FORMA DISTINTA DE VER LAS VENTAS

El abridor de puertas: *branding*

Steve Jobs y Steve Wozniak iniciaron Apple en la gran tradición de Sillicon Valley, atribuida a los fundadores de HP, Bill Hewlett y Dave Packard, como dos muchachos en un *garage*.

Es parte de la historia de Sillicon Valley que un día, en la vieja época del *garage*, Steve Jobs vio una publicidad de Intel que usaba imágenes con las que cualquiera podía identificarse, como hamburguesas y fichas de póker. Los términos técnicos y los símbolos brillaban por su ausencia. Steve estaba tan impresionado por este enfoque que decidió saber quién había creado esta publicidad. Él quería que este mago creara el mismo hechizo para la marca Apple, ya que por entonces Apple volaba muy por debajo del radar.

Steve llamó a Intel y preguntó quién había hecho su publicidad y sus relaciones públicas. Se enteró de que la mente brillante detrás de sus publicidades era un hombre llamado Regis McKenna. Llamó entonces a la secretaria de McKenna para conseguir una cita pero fue ignorado. Así que insistió llamando hasta cuatro veces por día, todos los días. La secretaria finalmente le rogó a su jefe que le diera la cita, sólo para sacarse a Steve de encima.

Steve y Woz aparecieron en la oficina de McKenna para mostrarle lo que tenían. McKenna escuchó cortésmente y les informó que no estaba interesado. Steve no se movió. Le siguió diciendo a McKenna lo grande que iba a ser Apple, tan grande como Intel. McKenna fue demasiado cortés como para empujarlo hacia la puerta y finalmente la persistencia de Steve ganó: McKenna aceptó tomar a Apple como cliente.

Bueno, ésta es una buena historia. Pero a pesar de que se contó en varios libros, en realidad no sucedió así.

Lo que en realidad sucedió, dice Regis, es que él había empezado en el momento en que las publicidades de tecnología saturaban con los detalles de los productos. Cuando tomó a Intel como cliente, se las arregló para que aceptaran que creara publicidades que fueran "coloridas y divertidas". El golpe brillante fue contratar a "un director creativo que no perteneciera a la industria y que no pudiera decir la diferencia entre un *microchip* y una *chip* (patata frita)", y así crear publicidades que atraparan al cliente, aunque, para Regis, convencer a los clientes no fue siempre fácil. "Implicó una venta muy dura con Andy Grove y otros en Intel".

Ésta era la clase de creatividad que Steve Jobs estaba buscando. Luego de aquella primera reunión, Woz le mostró a Regis un papel en el que había escrito la base para una publicidad. Estaba lleno de lenguaje técnico y "estaba reticente a que alguien «reescribiera» sus cosas", así que Regis dijo que no creía que pudiera hacer algo por ellos.

Esto era típico de Steve, sabiendo lo que quería y no dándose por vencido; luego del primer rechazo, llamó y programó otra cita, pero esta vez sin decirle a Woz. En la segunda sesión, Regis tuvo una impresión diferente de Steve, una de la que ha hablado durante años: "A menudo dije que la verdadera gente visionaria que conocí en Sillicon Valley eran Bob Noyce (de Intel) y Steve Jobs. Jobs le da mucho crédito a Woz por ser el genio de la ingeniería, pero fue Jobs el que ganó la confianza de los inversionistas y continuó proyectando y dirigiendo la visión de Apple".

Steve salió de esa segunda reunión con el acuerdo de Regis de tener a Apple como cliente. "Steve era y todavía es muy persistente cuando quiere lograr algo. A veces me costaba mucho salir de las reuniones con él", dice Regis.

(Como nota al margen: para conseguir fondos para el negocio, Regis mandó a Steve a hablar con el inversionista de capitales de riesgo Don Valentine, que para entonces era socio de Sequoia Ventures. "Don me llamó después", recuerda Regis, "y me preguntó, «¿Por qué me mandaste a esos renegados de la raza humana?»" Pero Steve también se lo ganó. Valentine no quiso invertir con los "renegados" pero se los pasó a Mike Markkula, quien hizo despegar a la compañía invirtiendo su propio dinero, lo que lo hizo socio igualitario con los dos Steves. Además, organizó la primera gran ronda de financiamiento, a través del banquero de inversiones Arthur Rock y más tarde, como vimos, se volvió Director General.)

Para mí, hay una característica notable en el episodio de Steve buscando a Regis y convenciéndolo de aceptar a Apple como cliente. Es que Steve, muy joven todavía, y en aquel tiempo, mucho menos experimentado de lo que tú, el lector, probablemente seas, de alguna manera entendió el valor fundamental del *branding*. No aprendió de ninguna universidad ni tiene un diploma en negocios, no hubo nadie en su adolescencia que fuera un administrador o ejecutivo de negocios del que Steve pudiera aprender, sin embargo, de algún modo comprendió desde el principio que Apple podía ser un gran éxito si se volvía una marca familiar. La mayoría de la gente de negocios que conozco todavía no ha comprendido ese principio rector.

Steve y el Arte del branding

Elegir la agencia de publicidad que trabajara con Regis para establecer a Apple como una marca, un nombre que todo el mundo conociera, no representaba un gran desafío. Chiat/Day existía desde 1968 y hacía algunos de los comerciales más creativos que jamás hayan sido vistos. La periodista Christy Marshall se despachó

alegremente contra la agencia con esta descripción: "un lugar donde el éxito engendra arrogancia, donde el entusiasmo limita con
el fanatismo y donde la intensidad se parece sospechosamente a
la neurosis. Es también una espina en la garganta de la Avenida
Madison, que se burla de su inventiva, a menudo con publicidades fascinantes, tan irresponsables como ineficaces, y luego las
parodian". (Chiat/Day fue la agencia que produjo el comercial de
Apple "1984", y la descripción de la periodista da una idea de por
qué Steve los eligió.)

Para cualquiera que necesite publicidad inteligente, innovadora, y que tiene las agallas para atreverse a utilizar un enfoque
dicho-en-la-cara, la descripción de la periodista ofrece una lista de
control inusual pero fascinante de lo que se debe buscar.

El hombre que soñó "1984", el publicista de Chiat/Day Lee Clow
(que está ahora a la cabeza del conglomerado publicitario mundial
TBWA), tiene su propia visión sobre el cuidado y la alimentación
de la gente creativa. Ellos son, dice, "50 por ciento ego y 50 por
ciento inseguridad. Necesitan que les digan constantemente que
son buenos y que los amamos".

Cuando Steve encuentra una persona o una compañía
que alcanza sus exigentes estándares se vuelve dependientemente
leal. Lee Clow explica que es común que las grandes compañías
cambien espontáneamente de agencias de publicidad, incluso luego de años de campañas fabulosamente exitosas. Pero con Apple,
dice, la situación fue muy diferente. Ha sido "un trato muy personal desde el principio". La actitud de Apple siempre ha sido:
"Mientras nosotros tengamos éxito, ustedes tienen éxito. Cuando
a nosotros nos va bien, a ustedes les va a ir bien". Y ustedes perderán nuestra cuenta si nosotros quedamos fuera del negocio.

Lo que Claw describió es la manera en que Steve Jobs ha
sido leal con sus diseñadores y sus equipos creativos desde el principio y a través de los años. Clow llama a esa lealtad "una manera
de ser respetado por tus ideas y tu contribución".

• • •

Steve mostró el sentido de lealtad del que Clow hablaba en su relación con Chiat/Day. Cuando Steve dejó Apple para empezar NeXT, los líderes de Apple rápidamente desecharon su elección de agencia de publicidad. Una de las primeras acciones de Steve, cuando volvió a Apple diez años después, fue volver a contratar Chiat/Day. Los nombres y las caras cambiaron con el correr de los años, pero la creatividad sigue estando presente y Steve todavía tenía ese respeto leal por sus ideas y contribución.

El muchacho del póster

Poca gente logra convertirse en chico o chica de portada, que su cara sea conocida por portadas de revistas, artículos de periódicos o reportajes de televisión. Mucha de la gente que lo hace son, por supuesto, políticos, deportistas, actores o músicos. Esa especia de fama, no es la que nadie en el mundo de los negocios esperaría lograr. Para Steve, esto sucedió sin intentarlo.

Al crecer Apple, Jay Chiat, la cabeza de Chiat/Day, continuó con un proceso que había comenzado por sí mismo: promover a Steve como la "cara" de Apple y de sus productos, así como Lee Iacocca fue durante los años de giro de Chrysler. Desde los primeros días de la compañía, Steve, –el difícil, el polémico, el inspirado Steve– ha sido la cara de Apple.

En los primeros días, cuando la Mac no se vendía bien, le dije a Steve que la compañía debería hacer comerciales con él en cámara, a la manera en que Lee Iaccoca los hacía con tanto éxito para Chrysler. Después de todo, Steve había aparecido en tantas portadas de revista que era mucho más conocido de lo que era Lee antes de empezar los comerciales de Chrysler. Steve estaba emocionado con la idea pero estaba anulado por los ejecutivos de Apple que tomaban las decisiones de publicidad.

Por supuesto, las primeras Macs tenían defectos, tan comunes en la mayoría de los productos (sólo piense en la primera generación de casi cualquier producto de Microsoft). Eran fáciles de usar, sin embargo eso fue fácilmente eclipsado por su memoria limitada y por sus pantallas en blanco y negro. Los ya considerables fieles seguidores de Apple y los tipos creativos en el entretenimiento, la publicidad, y las empresas de diseño le dieron a la máquina un impulso en sus primeras ventas. Mac lanzó entonces el fenómeno de la autoedición entre aficionados y profesionales.

El hecho de que la Mac tenía una etiqueta de "Hecho en USA" también contribuyó. La planta de ensamblado de Mac en Fremont se encontraba cerca de una planta de General Motors —en algún momento el pilar económico del área que estaba por cerrar. Apple se convirtió en un héroe local así como en uno nacional.

La Macintosh, y la marca Mac por supuesto, crearon toda una nueva Apple. Pero ese brillo desapareció después de la salida de Steve, cuando Apple degeneró en una compañía de computadoras convencional, promoviéndose a través de los canales de venta tradicionales, como todos los competidores, y midiendo la cuota de mercado en lugar de la innovación de los productos. La única buena noticia fue que los leales a Macintosh siguieron siendo fieles durante ese período difícil.

Más construcción de marca

Al estudiar a Steve Jobs para obtener lecciones de *branding*, uno se da cuenta pronto de que tiene la habilidad del maestro artesano para crear una imagen de producto consistente y positiva en la mente de sus clientes. Él combina tenacidad con un sentido intuitivo de lo que se requiere exactamente para tener al público cautivado con el producto. Él entiende que no se trata de cómo se ha diseñado el producto o de que tan bien funcione, por más que esos sean factores decisivos, sino de cómo lo percibe el usuario, lo que por supuesto es la clave del éxito del producto.

Cuando Steve lanzó la Apple II en 1976, hizo que el famoso presentador de televisión Dick Cavett fuera el primer portavoz famoso de la compañía. Cavett tenía una enorme credibilidad entre el educado mercado, objetivo de Apple II. Para 1980, la Apple II tenía el 80 por ciento del mercado y era un producto tan fuerte que los desarrolladores habían creado más de mil aplicaciones que funcionaban en ella.

De hecho, el éxito abrumador de la marca Apple II, los elogios que la prensa hizo de Apple (y de Steve), fue lo que llevó a IBM a tomar la decisión de entrar en el mercado de las PC. IBM no era exactamente un principiante en el tema; yo había visto productos para computadoras personales en los laboratorios de IBM ya en 1976. Pero ellos estaban en el negocio de renta de grandes computadores a grandes compañías y no entendían el mercado del consumidor. Al principio, tener a IBM como competidor puso nervioso a Steve, pero IBM nunca se dio cuenta de las cosas que para Steve eran naturales. La primera PC de IBM fue presentada en 1981, pero su negocio de PC cerró nueve años más tarde.

Mientras tanto, la presuntuosa Apple llegó a la sagrada lista Forbes 500 en menos tiempo que cualquier otra compañía en la historia.

Aferrarse a lo que funciona

Las asociaciones de Steve con Regis McKenna y Jay Chiat les dieron a todos ellos enormes oportunidades para desarrollar la creatividad que sigue caracterizando a la marca Apple. La prueba con "1984" fue tan sólo el principio. Luego del retorno de Steve, Chiat/Day puso al innovador Director de Arte Lee Clow a cargo de la cuenta de Apple. El propuso otro éxito con la muy popular campaña de Apple: "Piensa Diferente."

Más recientemente, sus siluetas oscuras usando un Ipod sobre fondo multicolor, tanto en publicidades como en anuncios espectaculares, se han vuelto imágenes indelebles en la mente del público.

En el negocio de la publicidad, la longevidad es la excepción más que la norma. Como lo señalara Lee Clow, Steve establece un modelo de lealtad. Si la cosa funciona, no la arruines. Chiat/Day, que se fusionó con TBWA, y que ahora es parte del conglomerado publicitario OMD Worldwide, sigue siendo la agencia de Apple. De hecho, construyó una especie de laboratorio de comunicación secreto en sus locales de Playa Del Rey para poner a prueba innovaciones creadas especialmente para la cuenta Apple.

Apple es un ejemplo de las recompensas que se obtienen cuando uno logra la ecuación correcta: los productos que la gente quiere y un gran *branding*. Es decir, el abre puertas para que la gente venga por los productos.

Montado en la fuerza destructora de las ventas al por menor

Steve iba viento en popa cuando relanzó su ascenso –y el de Apple– al poder después de su regresó en 1996. Por un lado, utilizó el colmillo que tiene para los negocios aplicándolo a la reestructuración de la línea del producto y llevó a cabo recortes dentro de la compañía hasta lograr obtener un tamaño de empresa que pudiera preservar. Por otro lado, comenzaba a fundar los cimientos de lo que algunos considerarían visionario y muchos verían como una tontería: la incursión al mundo de las ventas al por menor.

Steve Jobs tuvo la visión de mantenerse conectado directamente con los clientes de Apple. Sin experiencia alguna ni conocimiento real de la función de ventas al por menor, quería intentar eliminar al intermediario. A unas cuantas semanas de su regresó, inició uno de los proyectos más arriesgados.

Las cadenas de tiendas de computadoras y otros revendedores se quedaban con una ganancia del 35 al 40 por ciento por cada producto Apple que vendían. A través de sus negociaciones con Disney, Steve pudo valorar de cerca el poder de la venta directa al consumidor. Fue así como descubrió la pasión, por las ventas al consumidor, que llevaba dentro de sí.

Puso a un equipo a trabajar para que encontraran cómo abordar la tecnología. En noviembre de 1997 –menos de un año después de su coronación como la nueva cabeza de la empresa y adelantado años luz en lo que se refiere a la industria de ventas al por menor– Apple abrió una tienda en línea, lo cual fue posible en tan corto tiempo en gran parte porque se utilizó el *software* que Steve se había llevado con él: WebObjects, un servidor web y un marco de aplicación que había sido desarrollado por NeXT.

Al poco tiempo Steve anunció que su nueva tienda en línea Apple.com había recibido pedidos por un monto de 12 millones de dólares en el primer mes.

Entendimiento

Lo de las ventas en línea fue una gran noticia. Sin embargo las ventas tradicionales continuaban siendo una frustración. La participación en el mercado de Apple seguía estancada. Uno de los problemas principales, creía Steve, era el estilo de venta de los productos de la empresa. Las cadenas de tiendas grandes no colocaban a Apple en el mejor lugar en los estantes, ni había publicidad que llamara la atención. Además, aun en las mejores circunstancias, las tiendas tampoco tenían un sentido de lo que es estilo. Asimismo había un cambio constante de personal de ventas y en ese momento la mayoría de los compradores más bien buscaban la mejor oferta y había muy poca lealtad de marca –bastante parecida a la situación que se había presentado con Mac en 1984.

Como vimos con la reacción que Steve tuvo a la idea de entrega directa de FedEx, durante mucho tiempo creyó que podría aumentar la participación del mercado de forma significativa, si Apple realizaba su propia distribución y venta. Estaba totalmente convencido de que Apple y Mac eran empresas poderosas que no se estaban explotando adecuadamente.

La Apple II se trataba de un producto que el público adoraba y compraba. Con el paso de los años, los propios usuarios de

Mac organizaron por si solos el culto Apple. Sin embargo la mercadotecnia de las mega tiendas se dirigía al denominador inferior común. Por lo tanto Steve decidió hacer lo que mejor sabía hacer: algo novedoso. Algo que tenía que ver con el *Liderazgo*.

En una entrevista con *Fortune* explicó su razonamiento: "Comencé a sentir miedo... La dependencia de la empresa hacia las mega tiendas aumentaba — son empresas que cuentan con poca iniciativa... como para presentar los productos de Apple como algo único." Comentó que su conclusión fue: "Tenemos que hacer algo, o vamos a ser víctimas de una placa tectónica... Tenemos que ser innovadores".

Lanzándose a las ventas al por menor

Steve tomó una decisión valiente para comprender la estrategia de la venta al por menor y conectarse directamente con sus clientes. El camino prometía ser pesado. Anteriormente Apple había intentado vender a través de CompUSA, quienes habían creado departamentos Apple por separado dentro de cada tienda; los intentos se habían desplomado. Durante el mismo año, 2001, la cadena Gateway recortó sus tiendas en un 10 por ciento, y para el 2004 el negocio ya no existía. Parecía ser que hasta los jugadores reconocidos iban cayendo en el camino y era el peor momento para ingresar al campo de ventas directas de computadoras, más como novato.

Sin embargo Steve realmente no se estaba lanzando al vacío, como a su competencia le hubiera gustado creer. Cuando se trata de "cazar" talento, Steve Jobs nos da a todos un gran ejemplo. Usó sus habilidades de imán de talento para una tarea manos técnica pero igual de desafiante: crear un equipo de ventas al por menor. Para iniciar, indagó con gente a la que respetaba e inicio su búsqueda. Esto lo llevó hacia un hombre llamado Ron Johnson, que tenía un MBA de Harvard, y ocupaba el puesto de vicepresidente de comercialización de la tienda Target. Era reconocido por la exitosa campaña "diseño a su alcance", la cual empezó con la tetera económica pero bella de Michael Graves y que pronto se convirtió en una parte integral de la marca Target.

Ahora puedes entender porqué Steve es una estrella cuando se trata de reclutar. Simple y sencillamente a la gente no se le puede negar, porque sabe cómo hacer que cualquier invitación suene casi irresistible —el ejemplo icónico son sus frases sobre vender agua endulzada o acompañarlo a cambiar el mundo.

Al poco tiempo Johnson ya iba en camino a Cupertino, para convertirse en el vicepresidente Ejecutivo de comercialización, con la tarea de crear una nueva operación de venta al por menor para Apple.

Su búsqueda también lo llevó hacia Mickey Drexler, director general de The Gap, considerado el mejor de los mejores. Seguramente Steve sabía desde el inicio que Drexler no iba a sacrificar su puesto de director general dentro de una empresa que valía 15 mil millones de dólares a cambio de aceptar un puesto de VP de Apple. Sin embargo me puedo imaginar la sonrisa de Steve al final de la conversación. Drexler aceptó un puesto en el consejo de Apple, lo cual implicaba que Steve tendría el beneficio de contar con las recomendaciones de Drexler mientras avanzaba con sus metas de ventas al por menor.

Una vez más, Jobs probaba ser un reclutador efectivo y brillante.

Aplicando el modelo de prototipo

Johnson tenía el reto de llevar los productos Apple directamente al consumidor con la creación de una tienda de venta al por menor. No se fue muy lejos para buscar un modelo, ni Steve quería que lo hiciera, ya que contaban con uno en su propio patio trasero. La tienda para empleados Apple inició en 1984 en Bandley Drive en Cupertino. Tenían todos los productos expuestos de forma atractiva y a los empleados-clientes se les animaba a probarlos. Realmente era más bien un centro de demostración activa que un espacio tradicional de ventas al público.

Dicho espíritu de libre empresa sería transferida de forma intacta a las nuevas tiendas. Serían lugares en donde se podría jugar con los productos y también se podría comprar- sin ningún tipo de presión. Steve insistió en vender los productos a su manera.

Mickey Drexler de The Gap le aconsejo que construyera una tienda prototipo dentro de una bodega, antes de diseñar una para el mundo externo. De tal forma los errores de Apple serían en privado. Errores que, claro, fueron cometidos.

Cuando Steve visitó la primera tienda prototipo se le encogió el corazón al ver que los productos estaban expuestos por tipo de producto y categoría. Para un empleado Apple era lógico, pero para un cliente no era fácil encontrar lo que realmente querían comprar. Durante los siguientes meses, se desmanteló la tienda prototipo original para que una nueva fuera construida en su lugar.

Mientras tanto Steve y su equipo se enfrentaron con el tema de los lugares para instalar las tiendas. Los que cuentan con la experiencia de ser dueños de un negocio de ventas al por menor sabrán que el factor clave es idéntico al que tienen los agentes de bienes raíces. Se aplican tres consideraciones importantes al comprar una casa: "Ubicación, ubicación, ubicación".

Se decidió colocar las primeras tiendas en centros comerciales finos, lo cual fue básicamente la estrategia opuesta que Gateway había utilizado. El enfoque Apple siempre ha tendido que ver con el estilo de vida y la identificación del cliente con el producto. Por lo tanto las tiendas Apple llevarían a cabo su construcción sobre estos cimientos. La meta era crear una experiencia de compra para elevar y mejorar el sentido de ser parte de una comunidad Apple convirtiendo a la marca de ser un culto a un movimiento de masas.

El lanzamiento

El 15 de mayo del 2001, por invitación de Steve, una bandada de reporteros hicieron un *tour* por la primera tienda Apple ubicada

en Tysons Corner Center, en McLean, Virginia –las primeras ubi-
caciones habían sido elegidas fuera de lo común. A pesar de todo
el diseño y planeación elaborada que se llevó a cabo, si Steve esperaba que el resultado del evento fuera como las presentaciones
anuales, enormemente exitosas, de Macworld, se llevó una de-
cepción bastante grande. La ubicación no fue una de las mejores para la venta al público. Después de subir al segundo nivel y
haber echado un vistazo a la tienda, que quedaba a un lado de L.
L. Bean, varios de los reporteros, nada impresionados, mostraron
escepticismo. Durante un tiempo pareció ser que dicha impresión
negativa estaba en lo correcto.

Cuando entré, mi reacción inicial fue sentir un poco de
emoción. El lugar parecía tener un buen diseño, era acogedor,
y lucía tan bien organizado que de inmediato sabías dónde encontrar lo que buscabas. En una sección estaba el equipo para la
edición de video, en otra la fotografía digital, los productos de
música tenían su propia sección, así como los juegos que corrían
hacia lo largo de la pared de la tienda. Cada sección estaba bien
abastecida con productos y con las muestras a la mano para que se
pudieran hacer pruebas sin prisas, jugar y disfrutar de los productos y, sin presión de nadie para comprar. Obviamente, el personal
de la tienda, también estaba bien capacitado. Pude darme cuenta
del tiempo y cuidado que se le invirtió a cada elemento. Me fui
con la impresión de que el lugar se debería llamar "la tienda de
Steve" –lo cual fue un piropo. Pensé: "Le atinó. Esto no se va que-
dar en el camino, no fracasará".

También IBM en su momento había abierto una tienda
de venta al por menor para su PC. Big Blue, mucho más grande
que Apple y con muchos más recursos a su disposición, no había
hecho el mismo tipo de investigación y reclutamiento que Steve.

Llegué a imaginarme a la gente saliendo de la primera
tienda Apple con su nuevo iMac, o accesorio, y además pensando: "Debería de comprar acciones Apple –o más bien más acciones Apple". Una tienda *outlet* similar ubicada en otro centro

comercial fino, The Galleria, en Glendale, California, abrió cuatro días después.

Para una empresa dedicada al *software* y *hardware*, meterse a las ventas al por menor puede parecer todo menos obvio. Varios en la prensa especializada en comercio estaban seguros de que la idea de abrir tiendas al por menor de Apple era un disparate de Steve. Después de todo, ¿qué experiencia tenía Steve o Apple con ventas al por menor? Ninguna, o casi nada, y además los negocios nuevos de venta al por menor tienen un índice muy alto de fracaso —especialmente cuando la gente que los inicia es nueva en el juego. Sin embargo esta vez Steve, el hombre maravilla, intentó abarcar más de lo que podía.

Business Week le dio la bienvenida a la iniciativa con el encabezado "Lo sentimos Steve, aquí tienes los motivos por los cuales las tiendas Apple no funcionarán". Un consultor ejecutivo de venta al por menor predijo que la operación sería forzada a cerrar en unos cuantos años y que Apple tendría que absorber pérdidas considerables debido a sus intentos mal encaminados. Con las tiendas Apple, Steve Jobs dio un paso gigante hacia la venta directa al consumidor. Fue un camino que varias empresas de producto habían intentado recorrer, la mayoría con poco éxito. Mucha gente estaba a la expectativa para ver si el líder querido de Apple iba a caer de golpe.

A pesar de las predicciones de expertos en el campo de la venta al por menor y demás, la tienda de Virginia tuvo ventas por más de siete mil dólares en el primer día. Y eso era sólo el inicio.

Al escribir esto, en el otoño de 2010, Apple ya cuenta con más de tres mil tiendas, incluyendo las de China. La tienda escaparate ubicada en la Quinta Avenida de Manhattan está abierta 24 horas al día, todos los días del año. Además no causa sorpresa saber que las tiendas han recibido varios premios de diseño.

Después de que los primeros resultados sirvieron como prueba-de-concepto, las Tiendas Apple se continuaron construyendo en los centros comerciales finos que eran más accesibles.

Sin embargo, Steve no ha permitido que lo encajonen en su propia estrategia original de bienes raíces. Varias tiendas principales de venta al por menor no se encuentran en centros comerciales, han sido construidas como tienda individual en ciudades como Nueva York, Londres, París, Munich, Tokio y Shangai. También por el otro lado del espectro, se ha llevado a cabo la construcción de varios locales pequeños, "tiendas mini", dentro de zonas peatonales altamente transitadas, tales como la calle Market en San Francisco, en un esfuerzo para seducir a los usuarios de PC hacia la tribu de Apple. "De todos modos estoy pasando enfrente de la tienda, pasar dentro sólo llevará unos cuantos minutos de mi día".

Las tiendas Apple tardaron un poco en generar ventas. Ahora generan anualmente, por cada pie cuadrado, un promedio de más de 4 000 dólares. Dicha cifra es aproximadamente cuatro veces superior al equivalente de la cifra de Best Buy. También contó con una facturación considerablemente mejor que las acumuladas por las tiendas legendarias de la venta al por menor Tiffany y Saks, ubicadas muy cerca de la tienda principal Apple, en la Quinta Avenida. Las ventas de las tiendas Apple llegaron a los mil millones de dólares durante su tercer año de operación, velocidad jamás vista en la historia de las ventas al por menor. Dentro de los siguientes dos años, lograron dicha cifra cada trimestre —todo antes de la presentación del iPhone en 2008.

Al crear las tiendas Apple, y tomando el control de la cadena de valor empresarial desde el concepto del producto a la manufactura y al punto de venta, Steve convirtió a Apple en un Disney de alta tecnología —ésa era exactamente su meta.

Diseñando espacios de venta al por menor para el cliente

El diseño, de primordial importancia en todos los productos de Steve, ha sido una parte central en la creación de las tiendas. Los clientes están enamorados de casi cualquier cosa relacionada con Apple, aunque no estén totalmente seguros del motivo.

En relación con las mismas tiendas, el equipo de diseño Apple colaboró con algunos de los despachos de arquitectura más importantes a nivel global para la creación dinámica e innovadora del diseño visual y la distribución. Proveedores y contratistas, hasta aquellos a un nivel superior de su profesión, comentan que fue necesario alzar su estándar unos cuantos centímetros para trabajar con Steve.

De igual forma que la tienda original de empleados, las tiendas de ventas al por menor crean un ambiente de centros de demostración que por casualidad también vende productos. Y además cuando encuentras algo que quieres, no te tienes que formar para pagar. Todo el personal de la tienda cuenta con terminales portátiles que permiten que pagues en el acto. Todo en las tiendas Apple, desde los productos hasta la experiencia de comprar, incluyendo la reparación, es fácil de utilizar. Una de las grandes innovaciones del ex ejecutivo de Target, Ron Johnson, fue el Genius Bar. Hasta el nombre es genial. Johnson envió investigadores a preguntar al público dónde consideraban haber vivido la mejor experiencia de servicio al cliente. Casi todos mencionaron el gusto de hospedarse en un buen hotel.

Se le prendió el foco a Johnson: lo que hacía falta en las tiendas Apple era un conserje con la función primordial de ayudar a los clientes que tuvieran problemas con el producto de Apple —aún si el problema fuera una pregunta tonta con una respuesta obvia acerca de cómo usar el dispositivo. Pero al escuchar los intercambios del Genius Bar por unos minutos te darás cuenta de que, para la gente que trabaja ahí, no existen las preguntas tontas.

¿Tienes un producto Apple defectuoso? En caso de que el personal de la tienda no pueda reparar un producto, que no haya sido dañado por una caída o maltrato, lo más probable es que te lo reemplacen por uno nuevo. Increíblemente no hay ningún cargo por la capacitación, reparación o reemplazo.

Cómo lograr identificar al público con la marca

En 2010, de los 46 000 empleados de Apple, más de la mitad trabajaba en ventas al por menor. Todo el personal de las Tiendas Apple está capacitado para comprender lo que representa la marca Apple y adoptar los valores de la empresa. Los vendedores son, para cualquier compañía, la cara que se le da al público.

Así lo enfatiza Apple en su solicitud de reclutamiento virtual: "Ya sea que estés llevando a cabo un taller gratuito, dando clases durante una sesión personal de Uno a Uno u ofreciendo consejo técnico experto en un Genius Bar, siempre habrá algo que definitivamente notarás –la cara que se ilumina cuando le enseñas algo que no sabía que podía hacer. Te acostumbrarás, pero nunca te cansarás de ello".

¿Cuántas empresas en Estados Unidos –o en todo el mundo– podrían usar honestamente la red así para reclutar? Esto ayuda a recordar que la actitud de la gente que da la cara al público es lo que logra que los clientes se formen una opinión de tu empresa.

Reinventando las Líneas de Producto

Las grandes empresas de consumo electrónico del pasado –piensa en General Electric– desarrollaron y vendieron cientos, hasta miles de productos. Apple tiene menos de veinte –un número increíblemente pequeño para una empresa con un valor de 30 mil millones de dólares. (Me divierte señalar, que además de la cantidad radicalmente pequeña de productos vendidos por Apple, con cada iteración el tamaño de los productos también es más y más pequeño).

Para Steve enfocarse en unos cuantos productos distintivos que el usuario quiere en el momento que los ve, es la clave del éxito de Apple. En este momento, la base de clientes de Apple ya rebasó la etapa del "culto Mac" de años pasados. Ahora casi todo mundo quiere ser un cliente Apple.

Al poner un nuevo conducto de ventas en su lugar para vender productos directamente al consumidor y lograr quitar a los intermediarios como Best Buy y Fry's, Steve ha puesto de cabeza la venta al por menor de computadoras, MP3 y teléfonos. La industria de la computadora va tener una competencia dura. Mientras tanto, le está dando clases de ventas al por menor a casi todas las industrias.

Ahora Steve ha creado toda una estrategia directo-al-cliente y ¡sí qué funciona! Apple es una fuerza muy importante en línea, con iTunes y en la tiendas Apple. Yo no me imaginaba que Steve, la máxima autoridad en compras, fuera a crear la máxima experiencia de compras.

La aproximación de la venta al por menor de Steve tiene un aspecto como del caballo de Troya, ya que los productos de Apple son compatibles con Windows. Si los clientes tienen Microsoft Exchange en su iPhone, ya van a la mitad del camino para hacerse de una Mac la próxima vez que compren una computadora. Además cuando compras o actualizas un iPhone en una tienda Apple, puedes inscribirte al servicio en el momento sin ir a una sucursal de AT&T. Ningún otro proveedor hace esto –ni AT&T ofrece el servicio para otros teléfonos. Es un ejemplo clásico de compras en un solo lugar. Steve controla su marca porque sabe vender eficazmente y a la vez sabe cómo desarrollar su línea de producto. Es la única forma de tomar el control de una marca.

• • •

Es increíble que en la economía de hoy en día –con las fracasos de tiendas minoristas de nombres reconocidos tales como, Circuit City, Sharper Image, Mervyn's y Gateway– una tienda nueva de ventas directas al público pueda tener tanto éxito. La venta directa al cliente y la construcción de una infraestructura adecuada ha sido uno de los retos más difíciles en el mundo de los negocios, y Steve lo ha dominado. Su decisión de controlar el producto totalmente ha sido la llave del éxito de su estrategia de ventas al por menor.

Conquistando la definición de *cool*: "Hay una *App* para eso"

No existe nada más *cool* en el mundo de los negocios que la creación de un producto que millones de personas quieran de inmediato, y que muchos que no lo tienen envidien a los que sí lo tienen. Y no hay nada más *cool* que ser la persona que pueda tener la imaginación y pueda crear un producto así. Además agrégale otro elemento: crear una serie de estos productos extra *cool*, no como esfuerzos separados y aislados, sino como parte de un concepto de alto nivel y extrema importancia.

Encontrando un tema de extrema importancia
La presentación que dio Steve en Macworld en 2001, a un público de miles de personas presentes, así como una audiencia innumerable vía satélite a nivel global, en el Centro Moscone de San Francisco, me tomó por sorpresa. Presentó una visión que abarcaba los siguientes cinco o más años del desarrollo de Apple, y yo podía ver hacia donde iba: hacia un centro de entretenimiento que pudiera ser un dispositivo manual. A muchos les pareció una estrategia con una visión brillante acerca de la dirección en que probablemente se encaminaba el mundo. Sin embargo, lo que yo escuché fue una ampliación de la misma visión que me había presentado veinte años antes en esa visita a PARC.

En el momento de su discurso del 2001, la industria de la PC iba en declive; los pesimistas proclamaban a gritos que estaba al borde del desastre. La opinión de la gran mayoría de la industria, compartida por la prensa, era que la PC se estaba volviendo obsoleta, mientras que dispositivos como los MP3, las cámaras digitales, las PDA y los DVD volaban de los estantes. Mientras los rivales de Steve en Dell y Gateway se resignaron a estas ideas, Steve no las aceptó.

Comenzó su discurso dando una breve historia de la tecnología. Los años ochenta –la primera edad dorada de la computadora personal– la llamó la edad de la productividad. Los noventa fue la época del Internet. La primera década del siglo veintiuno iba ser la época del "estilo de vida digital", una era guiada por la explosión de dispositivos digitales: cámaras, DVD… y teléfonos celulares. Lo llamó el *digital hub* (punto focal digital). Claro, la Macintosh estaría en el centro controlando, interactuando con y agregando valor a todos los demás dispositivos (se puede ver el segmento de este discurso buscando en You Tube "Steve Jobs introduces the Digital Hub strategy").

Steve reconoció que solamente una PC era suficientemente inteligente para correr aplicaciones complejas, que la pantalla grande era como un lienzo para los usuarios y que el almacenamiento de datos a bajo costo sobrepasaba por mucho lo que cualquiera de los dispositivos pudiera ofrecer por sí solo. El plan de acción Apple fue claro.

Cualquiera de sus competidores pudo haber imitado su anteproyecto. Nadie lo hizo, lo que le dio a Apple la ventaja durante años. Mac como el *digital hub*, el núcleo de la célula, una computadora con potencia capaz de integrar una gran variedad de dispositivos, desde televisiones hasta teléfonos, para convertirse en una parte íntegra de nuestra vida diaria.

Steve no fue la única persona en usar el término "estilo de vida digital". Por el mismo tiempo, Bill Gates hablaba de un estilo de vida digital, pero sin sugerir que tenía un sentido de dirección, ni qué haría con dicho estilo de vida. La creencia absoluta de Steve en que si algo se podía imaginar, se podía construir, fue la visión alrededor de la cual alinearía los siguientes años de Apple.

Usando dos sombreros

¿Es posible ser el capitán de un equipo y jugar en otro simultáneamente? En 2006, la empresa Walt Disney Co. compró Pixar. Steve Jobs se convirtió en miembro del consejo y recibió la mitad de $7.6 mil millones de dólares correspondientes al precio de compra. Una gran parte del monto la recibió en acciones de Disney, suficientes para que se convirtiera en accionista mayoritario.

Una vez más, Steve comprobó ser el abanderado de que todo es posible. Muchos pensaron que su dedicación a Apple significaría que sería una presencia invisible en Disney. En cambio, mientras seguía con el desarrollo de futuros productos innovadores, que aún estaban en la etapa de secreto, no podía contener su emoción. Parecía un niño abriendo sus regalos de navidad cuando se trataba del desarrollo de los nuevos proyectos de Disney. "Hemos estado hablando sobre muchas cosas –le comentó a *Business Week,* al poco tiempo de que el negocio fuera anunciado–, verán un mundo bastante emocionante desarrollarse en los próximos cinco años".

Cambiar la dirección: costoso, pero a veces necesario

Mientras Steve pensaba en los escalones que tenía que subir para llegar al *digital hub*, comenzó a notar que, dondequiera que volteaba, veía gente tratando de maniobrar con sus nuevos dispositivos manuales. Algunas personas se equipaban su teléfono celular en el cinturón o en el bolsillo, un PDA en el otro y, a veces, también un iPod. Y casi todos estos dispositivos podían entrar en la categoría de "feo". Además, sus usuarios casi tenían que inscribirse a un curso nocturno en la universidad para aprender a usarlos. Casi nadie dominaba las funciones más básicas, las más necesarias.

Quizá no sabía que el *digital hub*, a través del poder de Mac, podría impulsar el teléfono o nuestro estilo de vida digital, pero sí sabía que una pieza esencial era el contacto de persona a persona. Tenía el producto frente a él y le pedía a gritos que lo innovaran. El mercado era inmenso y vio un potencial a nivel mundial sin límite. Una cosa que Steve Jobs adora, realmente adora, es tomar la categoría de un producto, sacar una nueva presentación y aplastar a su competencia. Eso es precisamente lo que ahora hace.

Mejor aún, ésta era una categoría de producto listo para ser innovado. Claro, los teléfonos celulares habían avanzado bastante desde la salida de los primeros modelos. Elvis Presley tuvo uno, lo llevaba en su maleta y era tan pesado que tenía un empleado que solamente se dedicaba a cargarlo y andar detrás de él. Cuando los celulares llegaron a ser del tamaño del zapato de un hombre, parecía ser un gran avance. Sin embargo, aún así, prácticamente hacían falta dos manos para alzar el celular a la oreja. Cuando por fin salieron al mercado los de tamaño bolsillo, se empezaron a vender como pan caliente.

Los fabricantes habían hecho un gran trabajo en aprovechar los chips de memoria con más potencia, mejores antenas y demás. Sin embargo, se tropezaron entre ellos cuando trataban de averiguar qué hacer al llegar a la interfase del usuario. Tenían demasiados botones de control y, en algunos casos, no estaban claramente etiquetados. Demasiadas funciones y nadie entendía el uso.

Además eran torpes, pero a Steve le encanta lo que sea torpe. Le da la oportunidad para mejorar. Cuando alguien odia cierto tipo de producto, para él significa una gran oportunidad.

Superando las malas decisiones

La decisión de hacer un teléfono celular fue fácil; sin embargo, el proyecto no. Palm ya se había adelantado y arrasó el mercado con su Treo 600, que era muy *groovy* y que además unió en matrimonio al Blackberry y al teléfono celular. Los aficionados a lo más novedoso se lo arrebataron.

Con tal de apresurar el tiempo para que saliera al mercado, Steve se tropezó bastante feo en su primer intento. Su elección parecía ser de lo más sensata, pero iba en contra de su propio principio sobre la teoría de producto entero. En lugar de mantener el control de todos los aspectos del proyecto, cumplió con las reglas establecidas dentro del campo del teléfono celular. Apple sería el proveedor de software para descargar música de la iTunes Store, mientras que Motorola llevaría a cabo la creación de hardware y carga del sistema operativo.

Lo que salió de tal brujería fue un celular combinado con música que tenía el nombre mal concebido de "ROKR". Steve todavía seguía con el disgusto cuando en el 2005 lo presentó como un "iPod Shuffle en tu teléfono". Pero él ya sabía: El ROKR iba a colgar los tenis, ya estaba muerto a su llegada, a tal punto que hasta sus fans más arduos ya estaban preocupados. La revista *Wired* se burló diciendo: "El diseño grita 'Fui concebido por un comité'", y en la portada de la revista en letras grandes: "¿A ESTO LE LLAMAS EL TELÉFONO DEL FUTURO?"

Peor aún, el ROKR sí era feo –fue un golpe duro para un hombre que le da tanta importancia a la belleza del diseño.

Pero se quedó con un As de la baraja. Desde un principio sabía que ROKR iba ser un fardo. Meses antes de su presentación, llamo a un trío de que eran los líderes de equipo, Ruby, Jonathan y Avie, para decirles que tendían una nueva tarea: construir un nuevo teléfono empezando desde cero.

Mientras Steve se enfocó a trabajar en la otra mitad, lo esencial de la ecuación, que era la búsqueda de un proveedor de teléfono para hacerlo socio.

Ser líder, reescribir las reglas

¿Cómo le haces para que las empresas te dejen escribir nuevamente las reglas de la industria, que ya están cinceladas en piedra?

Desde los primeros días de los celulares, los proveedores habían llevado las riendas. Con montones de personas comprando teléfonos celulares y desperdiciando muchísimo dinero con ellos mensualmente, los proveedores estaban en una situación de ventaja en la que podían decidir las reglas del juego. Compraban los teléfonos de los fabricantes y los ofrecían con descuentos a los clientes y así los atrapaban, normalmente por medio de un contrato de dos años. Los proveedores como Nextel, Sprint y Cingular ganaban tanto dinero con los minutos, que les era redituable subsidiar el costo de los teléfonos, lo que significaba que ellos llevaban las riendas y podían dictar a los fabricantes qué funciones debían ofrecer los teléfonos y cómo debían funcionar.

Y después, llegó el excéntrico de Steve a sentarse con los ejecutivos de varias compañías de telefonía celular. A veces negociar con Steve significa tener paciencia mientras te dice todo lo que piensa que anda mal con tu empresa o tu industria.

Hizo la ronda a las empresas, diciéndole a los ejecutivos de arriba, en pocas palabras, que estaban vendiendo productos básicos y que no tenían ni idea de cómo conectarse con la gente y su música, sus computadoras y su entretenimiento. Sin embargo esta no era la situación de Apple. Apple sí entiende. Y les anunciaba cómo Apple iba a entrar al mercado, pero bajo otro conjunto de reglas, las reglas de Steve. A la mayoría de los ejecutivos no les interesaba y no iban a permitir que nadie los zarandeara, ni siquiera Steve Jobs. Uno tras otro, de forma muy educada, lo mandaba por un tubo.

Para la temporada navideña del 2004 –faltando meses para la presentación de ROKR– todavía no encontraba un proveedor de telefonía que quisiera hacer el trato bajo sus condiciones. Dos meses después, en febrero, Steve voló a Nueva York y se reunió con los ejecutivos de Cingular (comprado después por AT&T) en la suite de un hotel en Manhattan. Les demostró lo que es ser rudo a la Jobs. Les dijo que el teléfono Apple comparado con cualquier otro teléfono los iba a aventajar años luz. Si no le daban el trato que él quería, Apple iba a entrar, pero como competencia directa de ellos: contratando minutos inalámbricos en bulto y dando el servicio de proveedor directamente a los consumidores —así como ya lo estaban haciendo otras empresas pequeñas (cabe hacer notar que nunca va a una presentación o junta con una exposición en Power Point, ni lleva juegos de copias para explicar el tema, ni siquiera lleva una hoja de papel. Tiene todos los datos en la cabeza, igual que lo hace en las presentaciones de nuevos productos de Macworld, y es más persuasivo porque se mantiene enfocado en lo que dice).

Cingular cayó. Hicieron un trato que colocó al fabricante del teléfono —Steve— en control y dictando los términos del contrato. Cingular parecía que había "regalado la tienda" a menos que Apple vendiera una gran cantidad de teléfonos y atrajera toneladas de nuevos clientes que acumularan minutos mensuales con Cingular. Fue una jugada peligrosa. La seguridad de Steve y su poder de convencimiento habían vuelto a ganar ese día.

La idea de formar un equipo por separado, aislado de las distracciones y las interferencias del resto de la empresa, funcionó tan bien para todos los de Macintosh que después Steve continuó usando el mismo método para todos sus productos importantes. Cuando el iPhone estaba en desarrollo, él se preocupaba mucho por la seguridad y se cercioraba de que la competencia no obtuviera conocimiento previo de ningún aspecto del diseño o la tecnología. Así que dicho aislamiento lo llevó a un extremo: cada equipo trabajando en un aspecto del iPhone estaba incomunicado de los demás. Suena excesivo y poco práctico, pero fue lo que hizo. La gente que trabajaba en las antenas no tenía ni idea qué botones de control tendría el teléfono. De igual forma los que trabajaban con los materiales que serían utilizados para la pantalla y el estuche no tenían acceso a los detalles del software, ni la interconexión del usuario, ni a los íconos de pantalla, etcétera. Así fue hasta llegar al consejo: solamente tenías la información necesaria para crear tu propia pieza.

Para la temporada navideña del 2005, el equipo de trabajo del iPhone se enfrentó con el reto más grande de sus carreras profesionales. El producto no estaba ni cerca de estar listo, pero Steve había fijado una fecha meta para su lanzamiento al mercado, y faltaban cuatro meses. Todos estaban más que cansados, muy estresados, de repente unos estallaban en ira, se escuchaban gritos en el pasillo. La gente se colapsaba bajo presión, renunciaban, se iban a la casa, recuperaban el sueño perdido y regresaban tropezándose unos días después para continuar donde se habían quedado.

Con el tiempo encima, Steve pidió una demostración completa. No salió bien. El prototipo simplemente no funcionaba. Las llamadas se perdían, la pila no cargaba bien, las aplicaciones tenían tantas fallas que parecía que estaban medio terminadas. La reacción de Steve fue ecuánime y calmada. El equipo estaba acostumbrado a verlo explotar, pero esta vez no fue así. Sabían que le habían fallado, no habían cumplido con sus expectativas; salieron de la demostración sintiendo que se merecían que él explotara y no lo hizo, lo cual de alguna manera fue peor. Sabían lo que tenían que hacer.

Solamente unas semanas después, con Macworld a la vuelta y la presentación del iPhone dentro de unas semanas, además de los rumores corriendo por los *blogs* y web de un producto nuevo y secreto, Steve voló a Las Vegas para presumir su prototipo a AT&T Wireless: el nuevo socio de Apple para iPhone después de la adquisición total de Cingular por el gigante de telefonía.

Milagrosamente, pudo enseñarle al equipo de AT&T un iPhone llamativo y que funcionaba de maravilla con todo y su pantalla de vidrio y sus múltiples aplicaciones *sexys*. Era más que un teléfono, era exactamente lo que había prometido: el equivalente a una computadora en la palma de tu mano. Steve después dijo que el alto mando de AT&T, Ralph de la Vega, lo proclamó como "el mejor dispositivo que he visto en mi vida".

El trato que Steve logró con mucho esfuerzo con AT&T puso nerviosos a los propios ejecutivos de esa compañía. Les dio una paliza para que se rindieran e invirtieran varios millones para desarrollar el "Correo de Voz Visual". Les exigió una modernización total del proceso molesto y engorroso al cual el cliente era sometido cada vez que solicitaba un servicio y teléfono nuevo, para que fuera reemplazado por un proceso ágil en el cual solamente sería necesario ir de entrada por salida. La fuente de ingresos era aún más arriesgada. AT&T soltaría más de doscientos dólares cada vez que un cliente nuevo firmará un contrato de dos años con iPhone, más diez dólares mensuales a las arcas de Apple por cada cliente iPhone.

Era una práctica común en la industria inalámbrica que cada teléfono celular llevara el nombre no solamente del fabricante sino también el nombre del proveedor de servicio. Tal como lo había hecho con Canon y con la LaserWriter unos años antes, Steve no quería eso; y el logo de AT&T desapareció del diseño del iPhone. La empresa, era como un elefante en una tienda de cristal dentro del negocio inalámbrico, le costó trabajo tragársela, pero igual que Canon, aceptó.

En realidad no todo era tan desequilibrado como suena, cuando uno recuerda que Steve estaba dispuesto a darle a AT&T el control del mercado iPhone, la exclusividad de vender teléfonos Apple durante cinco años, hasta finales del 2010.

De todos modos, si el iPhone hubiera sido un fracaso lo más probable hubiera sido que rodaran cabezas: el costo de AT&T hubiera sido enorme, lo suficientemente grande para que fuera necesario que alguien diera una explicación muy creativa a los inversionistas.

Con el iPhone, Steve había abierto las puertas a los proveedores externos de Apple como nunca lo había hecho, fue una forma de adquirir nueva tecnología de los proveedores externos de Apple de forma más veloz. De hecho, la empresa que se apuntó para la fabricación del iPhone reconoció que había acordado cobrarle a Apple menos del costo, en la espera de que el volumen crecería tanto, que el costo de cada unidad bajaría lo suficiente para salir con una buena ganancia. Una vez más, una empresa tomó el riesgo y le apostó al éxito del proyecto de Steve Jobs. Estoy seguro de que el volumen de ventas del iPhone fue mucho mayor a lo que ellos pudieron haberse imaginado o deseado.

A principios de enero del 2007, unos seis años después de la presentación del iPod, el público en el Centro Moscone de San Francisco escuchó la interpretación de James Brown de "I Feel Good". Fue entonces que Steve salió al escenario recibido con los gritos y aplausos del público y dijo: "Hoy vamos a hacer un poco de historia". Fue su presentación del iPhone al mundo.

Rubie, Avie y sus equipos trabajaban muy al estilo de Steve enfocándose de una manera intensa hasta en los detalles más pequeños y, habían creado lo que ahora, probablemente, es el producto icónico y más codiciado de la historia. Durante los tres primeros meses que salió al mercado, el iPhone vendió casi 1.5 millones de unidades. Sin importar la cantidad de personas que se quejaban de llamadas perdidas y de no tener señal; una vez más era culpa de la cobertura de la red de AT&T. A mediados de 2010, Apple había vendido increíblemente 50 millones de iPhones.

Steve bajó del escenario en Macworld sabiendo cuál sería su próximo anuncio. Con la llama que le arde por dentro, su visión de la próxima grandiosidad para Apple, fue algo totalmente inesperado: una tableta PC. Al principio cuando le dieron la idea, de inmediato la entendió y sabía que iba a crear una.

Aquí les tengo una sorpresa: el iPad en realidad fue concebido antes del iPhone y su desarrollo ya llevaba años… pero la tecnología aún no estaba lista. No había pilas disponibles para que el dispositivo pudiera, de golpe, funcionar por horas. El poder de procesamiento estaba muy limitado para realizar búsquedas en el Internet o ver una película.

Uno de sus asociados cercanos y admirador comenta: "Una de las cosas maravillosas de Apple y Steve es que hasta que no esté la tecnología lista, no libera un producto. Y ésa es una de las cosas que realmente se le tiene que admirar".

Pero cuando llegó el tiempo, para todos los involucrados fue claro que esto no sería cualquier otra computadora tableta. Iba a tener todas las funciones del iPhone, y todavía más. Como siempre, Apple estaba creando una nueva categoría: un centro de entretenimiento en dispositivo manual junto con la App Store.

• • •

¿Pero en serio qué le veía al iPad? Cuando llegó el momento de sentarse con el equipo de concepto de Chiat/Day para presentar el producto al mercado, dijo que sabía que iba ser otro producto por el que la gente iba a alocarse —otro "lo tengo que tener"— pero no sabía cómo contar su historia.

Otra persona cercana a él, dice: "Nunca pensamos que el iPad o el iPod fueran un éxito seguro. No teníamos ni idea de que fueran a ser tan exitosos. Solamente pensamos que eran muy *cool* y todos sabíamos que nosotros queríamos uno". También dijo que nadie sabe cómo pueden evolucionar estos productos. "En diez años todos estarán utilizando dispositivos manuales. Podría ser que ya ni siquiera usemos computadoras".

Cuando otros se congregan de tal manera que te ayudan
a ganar dinero
Cuando una empresa que construye aviones, autos, o tractores es exitosa, existen decenas de empresas suministradoras que se ven beneficiadas por el éxito de su cliente. Lo mismo es cierto para prácticamente todo producto —casi nada se produce sin partes o ingredientes hechos por otros.

Para hacer los mejores productos de calidad y convertirte en líder en tu mercado, se necesita seducir a los mejores proveedores para que trabajen contigo. Eso fue lo que Steve logro con los desarrolladores de las aplicaciones del iPhone, pero magnificado a 100 000. Claro, probablemente 80 o 90 por ciento de los *apps* del iPhone son de interés limitado, y lo más probable es que pasen desapercibidos. Sin embargo, fluyen: al escribir esto, un promedio de 300 nuevos *apps* siguen inundado la web y la Tienda Apple al día, con 200 000 para escoger. Increíblemente, como probablemente saben, la mayoría de los *apps* vienen de empresas emprendedoras muy pequeñas o de individuos que jamás imaginaron tener un producto en el mercado. En el transcurso de tres años, iPhone se convirtió en una industria de 3 mil millones de dólares. ¡Increíble! Y, por supuesto, las *apps* para iPhone también vienen de desarrolladores que utilizan Windows.

Puede ser que sepas, que crear un app para el iPhone no requiere una maestría en sistemas. En los días de Microsoft, *apps* eran creadas solamente por las empresas de desarrollo, bajo licencia de la gente de Bill Gates en Redmond. Sin embargo, Apple creó programas de apoyo que hicieron el procesador tan sencillo que los que no se sienten intimidados por las computadoras pueden crear una *app* de iPhone.

Yo me involucré en todo esto, casi por accidente. Un amigo que sufrió de una embolia se inscribió a un servicio de botón de emergencia, muy caro y, claro solamente lo podía usar en su casa y, aun así, sólo servía si durante la emergencia, podía llegar al dispositivo y apretar el botón. Esto me hizo pensar en una *app* para el iPhone que sirviera en casos de emergencia, un dispositivo que siempre pueda estar contigo.

Por ese tiempo, un estudiante de la universidad que asistió a una de mis conferencias sobre negocios se acercó con la idea. Quería que viera una *app* que había escrito para crear un botón de emergencia para el iPhone. Unimos nuestras fuerzas.

Nuestra *app* para iPhone, vSOS, ahora puede ser programada para que cuando sea activado por tu iPhone, pueda enviar una llamada de auxilio a 911, a un centro de llamadas, a tu doctor, a miembros de tu familia o cualquier combinación de éstos. Con el GPS puede notificar a todos tu ubicación exacta. El vSOS también puede ser programado para transmitir fotos o videos de la situación, algo de mucho valor en caso de un accidente automovilístico, un incendio en tu casa o departamento, etcétera. Para las personas de tercera edad o enfermos que no pueden pagar los treinta o cuarenta dólares mensuales por el servicio de un botón de emergencia, la cuota pequeña les brinda un sentido de seguridad renovado.

Hoy en día hasta niños y jóvenes de veintitantos trabajan desarrollando *apps*.

Otro escalón a la fama

Desde mi infancia, era de la idea de que cuando alguien era citado en Bartlett's o cuya nueva palabra ingresaba al Diccionario Merriam-Webster, como "catch-22," habían logrado un estatus legendario.

Steve lo logró y ni siquiera se dio cuenta. Fue durante la época en la que el iPhone estaba a punto de ser lanzado y los *apps* de los desarrolladores llegaban por montones. Durante sus conversaciones con el equipo continuamente decía: "Hay una *app* para eso". De repente todo el equipo utilizaba la frase y después fue utilizada en un comercial de Apple. Posteriormente en *El Libro de Citas de Yale*, fue nombrado como una de las frases más notables del 2009.

Mientras tanto, el iPhone se había convertido en un ícono de un día para otro. Varias otras empresas empezaron a producir comerciales que mostraban a alguien usando un iPhone como implicando: "¡Mira somos muy *cool*." Y en el proceso, tanta publicidad gratuita generó más ventas.

Las ganancias de Apple para el año fiscal de 2010 asombraron hasta a los observadores de Wall Street. Las ventas netas incrementaron en un sorprendente 50 por ciento, mientras las ventas de iPhone e iPad se disparaban, encabezado por un aumento del 160 por ciento en las ventas de la zona Asia Pacífico.

La popularidad del iPhone en China ha generado un mercado ilegal que inicia todas las mañanas en Manhattan, con una cola formada afuera de la tienda Apple que a veces llega a ser de una cuadra, una cola silenciosa, de Chinos nerviosos esperando que abran las puertas para comprar un iPhone a precio de venta al por menor. No necesitan que se activen los teléfonos porque no los piensan usar, sino que los venden de inmediato a un intermediario que los empaca y los envía a China, lugar en donde se considera un prestigio tan grande que cada uno se vende por aproximadamente 1 000. El iPhone es el producto más *cool* creado por el hombre.

Pocas personas escriben acerca de Steve como un modelo de excelencia moral y portador de valores, por lo que estuve complacido e intrigado cuando el noticiero CBS hizo un reportaje acerca de un correo electrónico entre Steve y el escritor y editor, Ryan Tate. Tate le mandó a Steve un mensaje que en un fragmento decía: "Si Dylan tuviera 20 años hoy, ¿cómo se, sentiría? ¿Pensaría que el iPad tiene que ver mínimamente con la 'revolución'? Las revoluciones son libertad".

Siempre me ha sorprendido que Steve, tan ocupado como está, encuentre tiempo para contestar correos electrónicos de gente desconocida. Le disparó una respuesta: "Sí, la libertad de programas que te roban tus datos personales. Libertad de programas que estropean tu pila. Libertad de pornografía. Sí libertad. Los tiempos están cambiando, y algunos usuarios de la PC tradicional sienten que su mundo se les va. Y así es".

El intercambio continuó, hasta que aparentemente Steve decidió que era suficiente. Llamó a Tate malinformado y le escribió: "Microsoft tuvo (tiene) todo el derecho de hacer cumplir las reglas que quieran para su plataforma. Si a la gente no le gusta, pueden elaborar o comprar otra plataforma, algunos ya lo han hecho. Nosotros hacemos lo que se puede, para intentar preservar la experiencia del usuario que visualizamos. Puede ser que no estés de acuerdo, pero nuestros motivos son puros."

El contenido es el rey
Se dice que algunas personas se reinventan continuamente. Por mucho tiempo he visto a Steve Jobs como uno de los que se auto reinventa, pero en otro sentido. No es tanto que Steve haya cambiado a través de los años sino que su visión ha cambiado.

La Macintosh como computadora para todos, fue la primera generación de Steve. Todo lo anterior al iPhone y al iPad representaba a Steve como creador de los productos que captaban su imaginación. Hoy en día la visión de Steve se ha actualizado para enfocarse en el contenido. La competencia ve al iPad como una tableta. Todos están fabricando una tableta, pero no captan la idea.

Para los gurús de la industria y para toda la competencia, puede ser que el iPad parezca una tableta. Sin embargo, de acuerdo con la visión de Steve, es un dispositivo mediático. El iPad es una plataforma de entrega… un dispositivo de entrega de contenido para el usuario. También es una extensión del iPhone, una plataforma para aplicaciones, con la diferencia de que la mayoría de los *apps* del iPad se enfocarán a mejorar la forma en que conseguimos y usamos el contenido.

Google gana dinero de la propaganda, y de ofrecer aplicaciones para los teléfonos celulares, pero se ve como un vehículo que permite que otros entreguen contenido. En cambio, Steve descubrió de su experiencia en Pixar y Disney que el contenido reina el mundo. Dondequiera que uno voltea a ver a la gente están escuchando música en sus iPods o viendo películas en sus iPads… y además le pagan a Apple por dicho privilegio.

Steve tiene la visión de un mundo en el cual el contenido es rey. Apple del futuro se convertirá cada vez más en una empresa que pondrá en nuestras manos los dispositivos manuales que entreguen el contenido. Como siempre, Steve Jobs ha visto hacia el futuro y lo ha hecho suyo.

¿Recuerdas cuando se dice que si buscas alguna información en un diccionario, encontrarás una foto de tal y tal? Si los diccionarios realmente incluyeran fotos, no tengo ni la menor duda que la definición de *cool* estaría ilustrada por una foto de Steve Jobs. Una y otra vez, ha creado productos que cambian a una sociedad, a millones de personas –no solamente en los Estados Unidos sino alrededor del mundo, y no solo generaciones jóvenes sino de todas las edades– quienes han reconocido que pueden empaparse en una aura muy *cool*, si son vistos con una iMac, un iPod, un iPhone y, ahora un iPad.

• • •

Pero, a final de cuentas, Steve no cuenta con el patente de lo que es *cool*. Existe una posibilidad para las demás empresas, así como para otros gerentes de producto y diseñadores, para crear productos *new-age*. Aquellos que el público anhele tener por ser sobre bonitos, intuitivos, funcionales, placenteros, y por ser la mancuerna perfecta con las necesidades del cliente. ¿Qué producto tienes o en cuál piensas que pueda ser tan exitoso que hasta Steve Jobs le llamaría la atención?

V

SER
STEVIANO

Siguiendo
sus pasos

¿Realmente se pueden seguir los pasos de Steve Jobs y practicar lo explicado en estas páginas para enriquecer la forma de realizar negocios y mejorar para siempre los productos que creas?

Mi respuesta es sí, y la prueba está en que yo mismo lo he hecho en varias ocasiones.

En 1987 recibí una invitación de *Fortune 100* para ir a una conferencia en Williamsburg y dar un discurso sobre el espíritu empresarial del empleado. Unos 100 participantes estuvieron presentes y me sentía bastante intimidado porque mi discurso seguía al de Ted Kennedy. Además, muchas de las luminarias de la industria se encontraban en el público.

Los ejecutivos encuentran muy fácil decir: "Bueno, eso funcionará muy bien en Apple, pero jamás funcionaría en mi empresa." Aun así, como a la semana, el vicepresidente de recursos humanos de GE se puso en contacto conmigo. La empresa estaba desarrollando un programa para promover un aporte mayor de sus empleados y quería saber si me interesaba.

Fui a Nueva York para reunirme con el equipo que estaba armando el nuevo programa. Jack Welch llegó para dirigir al grupo. Welch era un empresario con mucha determinación; le precedía una reputación de tener una actitud dura y no escuchar. Yo no lo veía así. Él más bien quería crear en GE un ambiente donde los empleados se pudieran sentir parte del negocio y participaran en la resolución de los problemas. El enfoque del programa era tomar las ideas buenas que sus empleados tuvieran, y mejorar así las operaciones de la empresa. La aplicación sería algo más innovador que un buzón de sugerencias. En otras palabras, el programa brindaba a los empleados de GE algo así como la experiencia de ser los Piratas desde el inicio.

Trabajamos con una empresa de consultoría de Boston y, para lograr las metas, creamos un programa llamado Work Out. Lo probamos en una planta de GE en Buffalo, que tenía la reputación de tener una de las operaciones más burocráticas de la empresa.

Work Out resultó ser un éxito rotundo. El mismo Jack dijo: "La intención de Work Out es ayudar a la gente para que deje de lidiar con los límites y todo lo absurdo que se da dentro de las grandes organizaciones. Todos conocemos lo ilógico que se vuelve: demasiadas aprobaciones, duplicados, pomposidad y desperdicio." También dijo: "El programa volteó a la empresa de cabeza. Ahora los empleados le dicen a sus jefes qué hacer. Esto cambió para siempre la forma en que la gente se comporta dentro de la empresa."

Para mí, la experiencia fue una prueba más de que los principios de *Liderazgo* se pueden poner en práctica a todo nivel y pueden marcar una diferencia profunda y duradera.

La experiencia con el programa GE me dio de nuevo la seguridad de que aquello que había aprendido con Steve iba ser de gran valor en mi vida. Poco a poco me sentí fascinado por la idea crear una empresa con un ambiente parecido al de Apple, construida alrededor de la noción de un gran producto. Aprendí de Steve que es necesario buscar continuamente ideas que resuelvan tus problemas y enriquezcan la productividad del usuario. Además, debes tener una visión que te diga si el producto que has considerado ayudará a hacer un mundo mejor.

En un momento dado, estuve trabajando con el Centro Médico de UCLA, en un proyecto de archivos médicos electrónicos y reconocimiento de voz; el proyecto me obligaba a volar a Los Ángeles una semana sí, y otra no. Un día llegué a mi hotel y me percaté de que había olvidado mi laptop en el avión; me fastidiaba tener que cargarla a todos lados.

Alguien me enseño un dispositivo que jamás había visto: un USB que me permitía llevar mis datos conmigo. ¡Una idea fenomenal! Esto ocurrió cuando 256 megabytes, la capacidad del disco, eran suficientes para que la mayor parte de la gente pudiera viajar con sus archivos. Podías viajar con todos tus documentos en un flash drive, en lugar de andar cargando con tu laptop.

Steve me enseño a preguntar siempre: "¿Qué se puede hacer con esta tecnología?" De regreso a casa, dos días después, sabía que tenía una visión para un nuevo producto. Cuando metieras el drive en tu computadora, un programa, que aún no se desarrollaba, se encargaría del sistema operativo y cargaría el flash drive, no solamente con tus archivos, sino con tu desktop y tu software por completo. Al enchufar el flash drive en otra computadora, todos tus programas y archivos estarían disponibles. Al quitar el drive, el desktop se restauraría a su estado original; ni un archivo del dueño de la computadora, ni sus operaciones, se modificarían. La pasión increíble de Steve por sus productos fue mi modelo a seguir. Igual que Steve, busqué rodearme de gente con entusiasmo. Donna Dubinsky, quien fungió como CEO de Handspring, me recomendó al primer desarrollador, un joven hacker y programador brillante de la Universidad de Brown. Llegaba a horas raras del día en su motoneta, trabajaba toda la noche y, de repente, no se le veía ni se sabía nada de él durante días. Sin embargo, aprendí de Steve cómo manejar a los Piratas, y lo que vi fue hombre joven que entendía todos los elementos fundamentales para construir un producto exitoso. Lo bueno de los Piratas es que puedes decirles: "Realmente necesito ver un prototipo del producto que funcione", y trabajarán horas incontables para lograr entregarlo lo más pronto posible.

• • •

Los USB drives de ese entonces eran tan feos y estorbosos que decidí construir uno propio. Le pedí a un amigo que esculpiera un modelo en madera de acuerdo con mis especificaciones. Después llevé el modelo a un fabricante.

Batallé con qué nombre bautizarlo. Un nombre como Apple o Sony es sencillo, único y maravilloso para un diseño gráfico. Quería un nombre así, que no fuera elegante, un nombre en la onda *tec*, pero que fuera pegajoso. Me decidí por Migo, que, de acuerdo a su pronunciación en inglés, significa yo (me) e ir (go). Parecía ser una combinación sencilla y con brío.

Como siempre, había muchos problemas técnicos por resolver. Migo tenía que ser compatible con todos los sistemas operativos y todas las versiones de Word y Excel. Tenía que brindar seguridad, ser confiable al 100% y a prueba de tontos.

Hasta los Piratas necesitan un gran primer compañero. Así que fui a ver al genio de la publicidad Jay Chiat, el brillante cofundador creativo de Chiat /Day, la agencia que había creado la sensacional campaña publicitaria de Apple. Chiat estuvo de acuerdo en manejar la creación de la marca Migo. Estaba directamente alineado con otra de las directrices que había aprendido de Steve: busca los mejores talentos y recursos que puedas encontrar, los mejores, y contrátalos si te es posible. No olvides a la gente que ha participado contigo anteriormente o a los que hayas escuchado que otros elogian.

El producto final fue precioso, totalmente intuitivo. Los indicadores de la pantalla te llevaban de la mano para explicar cómo se utilizaba. Existía un manual de usuario, pero no lo requerías. Una vez más, fue algo que aprendí de la experiencia Macintosh. El producto ganó premios de *PC World*, *Newsweek* y, en la Exposición para Consumistas de Dispositivos Electrónicos, ganó por diseño, interconexión de usuarios y hasta la caja en que venía. Todo esto difundió increíblemente la marca y bajó a un costo mínimo las Relaciones Públicas.

Un gurú de la industria, Walter Mossberg del *Wall Street Journal*, escribió un artículo en el que llamó al Migo el gran pequeño producto de tu vida. Esa crítica provocó una alza en la bolsa del precio de Migo y en una tarde subió de $1.50 a $6.50. John Dvorak también escribió un gran artículo acerca de nosotros para *PC Magazine*, seguido por Steve Wildstrom de *Business Week*.

Lo que pasó a continuación fue aún mejor. Una cosa era que Mossberg escribiera acerca de Migo, pero otra que que lo adulara en el aire durante un programa de CNBC. Lo mostró y dijo: "Éste es un gran pequeño producto." Sentí que Steve y yo nos habíamos reencontrado nuevamente, y que tenía la misma energía que tuve en Apple.

El final de la historia no es tan feliz. Para ahorrar dinero, había recurrido a un proveedor de bajo costo para los estuches y los tableros de instalación… la mitad de las unidades que produjeron no servían. Pero todavía existía un problema mayor: cuando empecé el proyecto, un flash drive de 256 megabytes costaba $150; cuando Migo salió a la venta, el precio del flash drive había bajado a $4 por un gigabyte completo, cuatro veces más capacidad. El costo adicional por un flash drive con software Migo no era tan significativo. Sin embargo, una vez que los flash drive se convirtieron en un producto básico y tuvieron una gran variedad disponible en los estantes, convencer al consumidor de que se detuviera a comprarlo y entendiera por qué Migo costaba más, se convirtió en una batalla cuesta arriba.

Hubo otro error como que el Steve había cometido en Apple. Como lo mencioné anteriormente, Lehman Brothers me convenció de integrar a un equipo con experiencia en administración de empresas públicas. Pues bien, el problema era que no tenían ninguna pasión por el producto. Me sentía como si estuviera de vuelta en IBM. La gente era brillante, pero fueron alejados tanto del producto que perdieron de vista lo que realmente era importante. Lo único que les importaba era el precio de las acciones de la empresa. Ésta fue mi última lección: si te encuentras atorado con un consejo o con inversionistas que no entienden tu idea, probablemente es tiempo de retirarte. Me fui de Migo para innovar mi próximo producto e iniciar una nueva empresa.

Otro recordatorio de mi experiencia con Steve es que todo el tiempo manifestaba con su actitud que, cuando se trata de un producto tecnológico, siempre se puede lograr. Esto lo comprobé en la situación con Migo y le ocurrió a Steve con el iPhone: cuando sus ingenieros le dijeron que no podían armar un teléfono sin tantos botones para todas las diferentes funciones, su insistencia fue tan excesiva y firme que lo lograron.

Migo surgió de una gran pasión por un gran producto. Steve Jobs logró generar eso en mí. Otros principios de él, que también me sirvieron en Migo, fueron los siguientes:

- Ten pasión por cada proyecto en el que trabajas.
- Encuentra motivación en la oportunidad y crea un producto para ella.
- Siempre manténte abierto al talento que te pueda ayudar.
- Haz lo mejor para que tu producto sea intuitivo y un manual de usuario no sea necesario.
- Sé honesto contigo mismo acerca de tus productos.
- Asegúrate que los productos te representen a ti y a tus características.
- Trabaja a través de tu gente y celebra, como una unidad, cada éxito.
- Continúa innovando para estar más cerca de tu ideal y tu visión de perfección; va más allá de la realidad del momento.
- No escuches a las personas que te dicen que no se puede hacer.

En lo que escribo esto, le acabo de aumentar el capital de riesgo a Nuvel, otra empresa que inicia. Está basada en un producto que aumenta de forma dramática la velocidad y la función del Internet, pues mejora la conectividad de "última milla" y la experiencia del usuario para todo dispositivo de cómputo fijo y móvil. El producto Nuvel acelera todo tráfico basado en redes IP hasta en doscientas veces más.

Dicho en lenguaje comprensible, el producto comprime los datos de inmediato y obliga a que pasen por un túnel seguro, creado por Nuvel, a alta velocidad, mientras que mejora significativamente su función, confiabilidad y seguridad de redes.

Como adición posterior, llevé a cabo la creación de una *Nuvel App Store*, para tener nuestros productos disponibles en los dispositivos manuales, como los iPhone y los iPad. Otra lección de Steve es que siempre debes continuar actualizando tu visión, sin dejar de ponerte retos, y preguntarte siempre: "¿Qué es lo que enloquece a los consumidores?"

Claro, una vez más, estoy utilizando los principios que vienen de Steve. Lo más importante es que todos en la organización y todos con los que tratemos sepan que nosotros somos el zar del producto: "Toda decisión final acerca del producto, la interconexión de usuarios y cualquier otro aspecto, pasa por mí."

Puedes apostar que todos los del equipo saben que la interconexión de usuarios es un punto crítico del producto. Puede ser que me acusen de tratar de sonar como Steve Jobs y, si así es, no me molesta. Pero la interconexión de usuarios más simple es necesaria; todo el equipo sabe de dónde viene ese punto de vista acerca de la vida y sienten el compromiso de realizarlo.

Otra cosa que aprendí de Steve fue el poder de las relaciones públicas de primer nivel, sobre todo cuando no tienes demasiados fondos. Las relaciones públicas son la mejor forma de entrar a un mercado.

Los técnicos de *software* son los mismos que han trabajado conmigo desde mi época en Migo. No sólo son Piratas y artistas maravillosos, sino que van aún más allá, entienden mis exigencias hacia el producto y cómo se deben poner en práctica productos de software de alta calidad. Además son comprometidos: si necesito un cambio en el producto para el lunes en la mañana, trabajarán todo el fin de semana, si es necesario.

Hablando en nombre de Steve

Los que han trabajado con Steve más de cerca son los únicos que se encuentran en posibilidad de transmitir, como yo lo he intentado en estas páginas, la filosofía y las ideas que lo han hecho tan exitoso. La única otra persona que, desde mi punto de vista, ha logrado captar la esencia de Steve ha sido el director de operaciones de Apple, Tim Cook. Él me dio una declaración que me brinda una expresión diferente, pero poderosa, de la actitud que Steve acoge —la actitud que ha hecho a Apple tan grandiosa— y que yo creo puede ser adoptada y utilizada por todos:

> Nuestro enfoque es la innovación constante. Creemos en lo sencillo, no lo complejo. Creemos en la necesidad de ser dueño y controlar la tecnología primaria detrás de los productos que hacemos y participar solamente en el mercado en el cual podamos hacer una contribución significativa.
>
> Creemos en decir no a miles de proyectos para realmente enfocarnos en los que en verdad son importantes y que significan algo para nosotros. Creemos en la colaboración profunda y en la polinización cruzada de nuestros grupos, lo cual nos permite innovar de tal manera que otros no pueden.
>
> Francamente, no nos conformamos con algo menor, algo que no sea la excelencia en cada grupo de la empresa, somos lo suficientemente honestos para aceptar cuando algo salió mal, y tenemos la valentía necesaria para cambiar.

Así que mi pregunta final es: ¿Y tú, qué? ¿Cómo te representan tu producto, tu servicio y tu trabajo? ¿Cómo te encauzas con ellos?

Entre más afinidad encuentres entre lo que haces, creas y produces con la persona que eres en el fondo, más te importará y harás un esfuerzo inmenso para exigir la perfección que cada producto merece. Y harás también un esfuerzo descomunal para que tus clientes lo recuerden y lo adoren.

La primera señal que indica pasión por un producto es que tú mismo seas un ávido usuario. Tienes que ser sincero contigo mismo. Si no te importa tu producto, ¿cómo vas a ser un defensor convincente?, ¿cómo vas a convencer a los demás de que el producto es algo que les sirve, les satisface y que lo van a gozar?

Yo creo que los negocios son un reflejo de su líder, su campeón. Son como niños que presienten cuando alguien no es sincero, no puedes fingir ante ellos. Necesitas ser apasionado de los productos que estás creando, promocionando, lanzando al mercado o vendiendo. Esto implica que debes estar dentro de una empresa e industria que realmente te importe.

Steve Jobs no pudo haber alcanzado sus logros sin pasión, un compromiso con la excelencia, una marca espectacular y la apertura para aprender de sus errores.

Difícilmente podríamos encontrar un mejor camino sin tener como meta seguir sus pasos.

Una carta a Steve

Estimado Steve:

En estas páginas, he intentado capturar al verdadero Steve Jobs, —no la versión incompleta de todos esos libros escritos por reporteros o gente Mac que nunca te conoció realmente. Recuerdo el final de un viaje a Japón, cuando teníamos la agenda llena con otra "cena de estado", con Sony o Canon o quien sea, y te dije que ya no aguantaba otra noche de sushi. Así que te fuiste y los del Hotel me mandaron a un restaurante fabuloso de comida témpura. Ya llevaba como media hora, cuando de repente entraste y te sentaste conmigo mientras decías que tampoco aguantarías ir a otra cena formal. Nunca se me olvidará esa noche y nuestra conversación, pues platicamos desde política hasta del futuro del mundo y su gente, trabajo y amor. Estabas relajado, calmado y eras simplemente tú. Momentos como ése eran en los que veía al verdadero Steve.

Siempre me he preguntado qué hubiera sido de Apple si no te hubieran echado en 1985. No es *cool* decir "te lo dije", pero yo ya había visto el futuro. Como te dije en una de nuestras conversaciones, tú eres el juego —tú colocas a los demás jugadores en la línea de banda. Llevaste a Apple a la gloria con la segunda más grande capitalización de mercado de cualquier otra empresa en el mundo. Aun así, no es el capital de mercado lo que consigue hacer a una compañía, la gente y los productos lo logran.

Claramente aprendiste de tu experiencia y pudiste crear un nuevo estándar de organizaciones corporativas. Creo firmemente que la empresa de la nueva era tiene que centrarse en el producto y operar todos los días como si estuviera en la etapa de arranque. Así que ahora la nueva Apple es el nuevo estándar de operaciones organizacionales. Todos los principios de liderazgo están expuestos en Apple y han estado desde tu regreso. Incluso has mantenido a la nueva Apple en el mismo camino como en su arranque —una tarea muy difícil.

Constantemente me preguntan: ¿qué pasaría si Steve se fuera de Apple? o, cómo tú sueles decir, "si te arrollara un tren". Le digo a la gente que Steve no es reemplazable como el líder carismático, visionario, de una empresa centrada en la relación consumidor-producto, pero sí puede ser reemplazado por un triunvirato para continuar con su legado. Apple tendría un nuevo director general, pero él o ella podría cumplir con solamente una parte del papel que tú representas. Jonathan Ive, el modesto británico que le dio vida a los diseños de iMac, iPod, iPhone e iPad, continuará ideando diseños de los productos que todo mundo quiere usar y tener. Phil Schiller continuará ideando conceptos de producto, abriendo paso para el futuro de la tecnología. Uno de varios contendientes tomará las riendas de la fuerza impulsora de los equipos no reconocidos que traducen la visión al *software*, a los componentes de *hardware* y demás elementos que dan vida a los conceptos. El director general de operaciones, Timothy Cook, es notoriamente el líder que va a la cabeza, ya que tuvo éxito al mantener funcionando todas las piezas separadas durante tu ausencia.

Tú y yo comentamos una vez lo difícil que es crear productos, pero que es aún más difícil crear y mantener una organización realmente eficaz. Pero todavía es más difícil hacer las dos cosas a la vez. Creo que el nuevo tipo de organización empresarial que has creado es el cimiento fundamental de las empresas del futuro.

Todos contamos con que sigas al frente de Apple por muchos años. Así es que quiero terminar presentándote un reto. Como sabes, ya no estoy involucrado con Apple excepto como cliente, así que es mi consejo desde la línea de banda.

Te considero el "rey de la pantalla". Has puesto dispositivos en nuestras manos que tienen funciones asombrosas de imagen de pantalla y que pueden ser utilizados por cualquier persona. Ahora vivimos en una sociedad de pantalla, nunca estamos muy lejos de la siguiente para casi meternos en ella. Así que ahora que ya lograste ser el maestro en brindarnos el acceso a toda esta información, espero que ya estés trabajando en darle la capacidad a nuestros iPhones, iPads y demás para que nuestra salud sea monitoreada –y que avise a nuestro médico, o quizá a los paramédicos, si hay un cambio repentino de condición. Esperaría que tus productos futuros no sólo nos dieran acceso a nuestra salud, sino que también pudieran leer o detectar información a través de la pantalla y monitorearan la temperatura, presión de sangre, la cuenta sanguínea y hasta detectaran la calidad de aire que respiramos y el agua que tomamos.

A nivel personal, todos podemos reconocer el valor de dichas herramientas. Sin embargo, se debe tomar en cuenta que, como el 35 por ciento de nuestra economía nacional se dedica al sector salud, también el país gozaría de enormes beneficios.

Nos llevas la delantera a todos en tantas cosas. Quizá ya estés trabajando en estas ideas y, en caso de no ser así, espero que aceptes mi reto.

Cordialmente,
Jay Elliot

Tienes que confiar en algo.
Tu instinto, destino, vida, karma, lo que sea.
Este enfoque nunca me ha fallado y ha marcado
toda la diferencia en mi vida.

Steve Jobs,
Discurso de graduación,
Universidad de Stanford, 2009

Agradecimientos

De parte de Jay Elliot

Soy muy afortunado por haber estado asociado con algunos de los gigantes de la industria. Todas mis experiencias fueron muy importantes para este libro. Necesito agradecer a líderes como T.J. Watson, presidente del consejo y presidente de IBM; a Andy Grove, CEO de Intel; a los cofundadores de Intel, Gordon Moore y Bob Noyce, y, claro, a Steve Jobs. Las lecciones que he aprendido al trabajar con los líderes mencionados resultan invaluables en mi concepción acerca del liderazgo.

Quiero dar las gracias a mi buen amigo y colega de negocios Kim Pettinger. Su apoyo y estímulo para que escribiera este libro, más su entendimiento profundo para armar el primer borrador, entre innumerables tazas de café, es enormemente apreciado. Como "entrenadora personal" y mi musa, muchas de las lecciones en el libro de crecimiento personal y cultura de organización llevan sus huellas. No es fácil enfrentar a un hombre alto y con mucha experiencia, y decir: "Necesitas considerar otra forma de aproximación." En el transcurso de los años, Kim hizo exactamente eso. Espero que yo también la pueda apoyar de igual forma en el futuro.

A lo largo del camino he conocido a varias personas y compañeros a los que quiero dar las gracias. Uno de ellos es Greg Osborn, del Grupo Middelbury. Él apoyó mis ideas, además, el que haya comprendido mi pasión por mis productos y por mis habilidades de liderazgo fue de gran importancia para reunir el capital para mis empresas. Greg realmente entiende los atributos clave y me apoya en mi negocio; de igual forma contribuyó a la conclusión del presente libro.

El entendimiento profundo en relación con las necesidades personales de Steve hacia los medios, así como el ánimo para escribir este libro, también vino de Wilson Nicholls, mi cuñado. Cuando Wilson fue dueño de una tienda de videos, Steve era uno de sus clientes más importantes. Antes de que Wilson falleciera, pasamos horas interminables hablando sobre la pasión de Steve por el cine y cómo se relacionaba con el éxito de su negocio. Wilson solía decir: "Jay, tienes que escribir un libro acerca de esto." Así que Wilson, lo hice, y el que me hayas alentado se valora inmensamente.

El agente literario Bill Gladstone tuvo un papel importante para lograr que el concepto de este proyecto llegue a la imprenta. Bill y yo comentábamos esta idea hace muchos años. Sin embargo, hasta que ofrecí un discurso en una conferencia y utilicé un resumen del libro, con mucho éxito, logré restablecer contacto con Bill. No solamente se emocionó del potencial que tenía el libro, sino que también me presentó con Bill Simon. Es un escritor excelente y un gran socio editorial. Bill aceptó lo que pudo haber sido otro negocio de un libro cualquiera, y le inyectó vida y emoción al proyecto. Les doy las gracias a los dos Bills.

De parte de Bill Simon

Ante todo quiero expresar mi agradecimiento a Jay Elliot, quien nos dio una historia fascinante y demostró ser un compañero escritor digno de admiración. Jay, sería un placer escribir un libro contigo en cualquier momento.

Los dos tuvimos la fortuna de contar con el entendimiento profundo de Janet Goldstein, recomendada por la editorial Roger Cooper, quien trabajó con nosotros durante el proceso de escribir el manuscrito. Ella contribuyó en la creación en todos los niveles de lo que hoy es este libro. Y, para mí, fue un placer en especial nuevamente trabajar con Roger –sobre todo, porque, en nuestra última colaboración, mi libro se colocó en la lista de best sellers del *New York Times*.

Otro miembro de mi equipo primario ha sido Charlotte Schwartz, cuyo cuidado, preocupación y apoyo han sido cruciales a través de los largos días que me la pasé escribiendo. Charlotte, espero haber logrado con éxito hacerte saber cuánto significa la atención que me has brindado.

Mi participación en este proyecto solamente se dio gracias a Bill Gladstone, un agente literario sin igual. Bill, siempre soy un poco renuente a elogiarte en mis agradecimientos por temor a que te puedan bombardear autores que no están bien representados. Pero sí me pregunto, ¿¡cuántos autores han sido representados por el mismo agente, que los haya mantenido ocupados por veinticinco años!?

Mis nietos Elena y Vincent ahora tienen la edad suficiente, por lo que pude compartir historias sobre la experiencia y proceso de escribir. Y, gracias a Skype, porque me permitió ver sus caras felices.

Jay y yo tuvimos la fortuna de contar con el apoyo de un equipo de trabajadores. Le hago una caravana con sombrero y doy las gracias a Dan Gerstein, Bill Dunne, Steve Flax, Howard Green, Kenneth Kale y, en especial, a Tom Lane.

En el texto he dado reconocimiento por nombre a numerosas personas que han brindado aportación al libro, pero también quiero expresar mi agradecimiento, en particular, a Gil Amelio, Steve Wozniak, John Scully, Del Yocam, Donna Dubinsky, Alex Fielding, Bill Adams, Burt Cumming, Ian Maddox, Wayne Mertsky, Winston Hendrickson, y a todos los demás que hablaron con la condición de anonimato –por motivos que muchos comprenderán.

Finalmente, aquellos que me conocen, comprenderán la gran pérdida que es no tener a Arynne cerca de mí, mientras trabajo en un manuscrito de libro. Aunque ya no puede ser una parte activa de mi vida, siempre y eternamente tendrá un lugar cerca de mi corazón.

Notas

Capítulo 1. La pasión por el producto
"Lo que me impresionó": Jeffrey Young y Steve Jobs, El viaje es la recompensa (Scott Foresman Trade 1987).
"Tensión, política y líos": *Ibidem.*
"Ése es Woz": Todas las citas de Steve Wozniak dentro de la presente sección son tomadas de una entrevista con Jill Wolfron y John Leyba, disponible en http://www.engology.com/engintwozniak.htm y http://www.thetech.org/exhibits/online/revolution/wozniak/
"Una experiencia increíblemente emocionante": El triunfo de los nerds, documental de PBS en tres partes. Escrito y presentado por Robert X. Cringley, transmitido por primera vez en junio de 1986. Transcripciones disponibles en http://www.pbs.org/nerds/transcript.html.
"Poder de visión": Anthony Imbimbo, *La Mente Brillante Detrás de Apple* (New York: Gareth Publishing 2009).
"Le dice a la gente así": Las citas son de una entrevista hecha por Daniel Morrow, director general, Programa de Premios Smithsonian El Mundo de la Computación: 20 de abril de 1995.

Capítulo 2. El éxito está en los detalles
"Igualmente sorprendido de la atención de Steve por los detalles": Michael Krantz, "Apple y Pixar: Los dos trabajos de Steve", *Time*, 18 de octubre de 1999.

Capítulo 3. Haciendo equipo: "¡Piratas! No la Marina"
"Un ingeniero recuerda": Fuente confidencial.
"Necesitas a un tirano competente": Peter Elkind, "El problema con Steve Jobs", *Fortune*, 5 de marzo de 2008.

Capítulo 4. Aprovechar el talento
"Susan recordaba que Steve": Ken Aaron, "Detrás de la Música" *Revista Cornell Engineering*, Otoño de 2005.
"Un modelo muy diferente de hacer negocios": *Ibid.*

Capítulo 5. La recompensa para los Piratas
"La mejor cosa posible, o aún un poco mejor": Andy Hertzfeld, "La Fiesta de la Firma", Folklore.org, febrero de 1982 http:www.folklore.org/StoryView.py?project=Macintosh &story=Signing_Party.txt&characters=Mike%20Boich&sortOrder=Sort%20by%20Date&detail=medium.

"La empresa Apple es una especie rara": Chuq von Rospach, "Disfrutando el Espectáculo, Evitando al Lanzafuegos: La Vida Dentro de Apple", *Guardian*, 2 de enero de 2009:. http://www.guardian.co.uk/technolgy/2009/jan/02/apple-macworld-lookback.

Capítulo 6. La organización orientada al producto
"Para el resto de mi vida": El triunfo de los nerds, *op. cit.*
"Una brecha de realidad que crece": Andy Hertzfeld, "El fin de una era", Folklore.org, mayo de 1985:
http:www.folklore.org/StoryView.py?project=Macintosh &story =The_End_Of_An_Era.txt&sortOrder=Sort%20by% Date&detail=low

Capítulo 7. Manteniendo el momentum
"Sentimientos dominantes de orgullo energía y pasión": Fuente confidencial.
"Aplauso prolongado y con entusiasmo": Philip Elmer-DeWitt, "El amor de dos lámparas de escritorio", *Time*, 1 de septiembre de 1986.
"Mantener la empresa avanzando": Confidencial fuente Pixar.
"Una película espectacular y una película encantadora": Jeffrey Young y William L. Simon, iCon, *Steve Jobs, el mejor segundo acto en la historia de los negocios* (Hoboken: John Wiley & Sons, 2005).

Capítulo 8. Recuperación
"Los dos lo haremos por diversión": El triunfo de los nerds, *op. cit.*
"Era demasiado penoso": *Ibid.*
"Algo está podrido en Cupertino": Brent Schlender, *Fortune*, 3 de marzo de 1997.
"Trabajos enterrados en los detalles sucios": Peter Elkind, "El perfil Apple en «Las empresas más admiradas de Estados Unidos»", *Fortune*, 5 de marzo de 2008.

Capítulo 9. El desarrollo holístico del producto
"Pero entonces fue un gran éxito": Lev Grossman, "Como Le Hace Apple", *Time*, 16 de octubre de 2005.
"Nos quedamos con la boca abierta cuando nos enteramos de esto": Peter Burrow y Ronald Groves, "Steve Jobs' Reino Mágico", *Business Week*, 6 de febrero de 2006.
"Un jonrón es mucho mejor que dos jugadas dobles": *Ibid.*
"Una manera más colaboradora, integrada": Grossman, "Como Le Hace Apple", *op. cit.*
"Algo como la diversidad": *Ibid.*

Capítulo 10. Innovación evangelizadora
"Le falta una larga y vergonzosa lista de funciones": David Pogue, "Un teléfono de promesa, con fallas", *New York Times*, octubre 27 de 2010.
"Lo que había disponible afuera era horrible": Ken Aaron, "Detrás de la Música", *Revista Cornell Engineering*, Otoño 2005.

"Porque quería tener uno": Brent Schlender, "El Walkman de Apple del Siglo 21 CEO Steve Jobs cree que tiene algo bastante padre. Y si tiene la razón, hasta podría asustar a sony y matsushita", *Fortune*, 12 de noviembre de 2001.

"Estábamos colectivamente codiciando un producto": Mike Harris, *Encuentra tu Foco* (Mankato, MN: Capstone, 2008), p. 60.

"Un MP3 de tres horas": Leander Kahney, "Una vista hacia adentro del nacimiento del iPod", *Wired*, 21 de julio de 2004:

http://www.wired.com/gadgets/mac/news/2004/07/64286.

"Steve está casado con su enfoque": Alex Salkever, "Steve Jobs, el flautista de Hamelin de la música en línea", *Business Week*, 30 de abril de 2003:

www.buisnessweek.com/technology/content/apr.2003/tc 20030430_9569_tc056.htm.

"Rotundamente hizo una diferencia": Jeffrey Young y Willima L. Simon, iCon *op. cit..*

Capítulo 11. El abridor de puertas: branding

"Una espina en la garganta": Christy Marshall, "Small Guy", *Business Month*, abril de 1988.

"50 por ciento ego y 50 por ciento inseguridad": Danielle Sacks, "Las 100 personas más creativas en los negocios", *Fast Company*, 2010. http://www.fastcompany.com/100/.

"La forma en que Steve Jobs ha sido fiel": Todas las citas Clow: Bob Garfield, "Lee Clow sobre qué ha cambiado desde «1984»", *Ad Age*, 11 de junio de 2007.

Capítulo 12. Montado en la fuerza destructora de las ventas al por menor

"Aquí tenemos que innovar": Jerry Useem, "Apple: El mejor negocio de ventas al por menor de Estados Unidos", *Fortune*, 8 de marzo de 2007: http://money.cnn.com/magazines/fortune_archive/2007/03/19/8402321/index.htm.

"Lo sentimos Steve, aquí tienes los motivos por los cuales las tiendas Apple no funcionarán": Cliff Edwards, "Comentario", 21 de mayo de 2001: http://www.businessweek.com/magazine/content/01_21/b3733059.htm.

"Nunca te cansarás de ello": http//www.apple.com/Jobs/uk/retail.html.

Capítulo 13. Conquistando la definición de cool*: "Hay una App para eso."*

"Una de las cosas que realmente se tiene que admirar": Fuente confidencial.

"Cómo contar una historia": Chat confidencial/Fuente Diurna.

"No tenía idea que pudieran ser tan grandes". Fuente confidencial.

"Nuestros motivos son puros": Charles Cooper, "Steve Jobs y "Libertad de Porno…", CBS News, 15 de mayo de 2010. http//www.cbsnews.com/8301-501465_162-20005076_501465.html.

Capítulo 14. Siguiendo sus Pasos

"Las actitudes que han hecho a Apple tan grandioso": Tim Cook, discurso acerca de las ganancias de Apple, 21 de enero de 2009:

http//wwwbusinessinsider.com/2009/1apples-tim-cook-were-fine-with-out-steve-jobs.

11/12 ① 7/12
12/14 ① 7/12
3/19 ② 6/16

Esta obra se termino de imprimir en octubre del 2011
en los talleres de Litografica Ingramex S.A. de C.V.,
Centeno 162-1 Col. Granjas Esmeralda
C.P. 09810 México D.F.